KB268854

한국인을 위한 TIẾNG VIỆT 베트남어 회화

외국어도서전문
1945
글로벌
어학사

이 책은 베트남어를 공부하고 싶은 모든 사람들이 쉽게 공부할 수 있는 책자이며, 아울러 베트남에 대한 일종의 소개책이기도 합니다. 병원, 학교, 호텔, 출입국등 일반생활에서 유용하게 사용될 수 있는 내용으로 구성되어 어디를 가게 되어도 이 책 한 권으로 해결할 수 있습니다.

참고사항 :
- 베트남은 오랜 전쟁을 거쳐 오면서 여성의 생활력이 강한 편입니다. 가족 사회는 남녀평등이고, 거의 대부분 맞벌이이며, 여성은 남성으로부터 많은 배려를 받습니다.
- 유교문화를 유지하기에 노인들을 항상 공경하고, 부모님에 대한 효심이 강합니다.

목차

베트남어의 특징과 본문 들어가기 전:

- Latin 언어 이며 문자는 ABC으로 구성함. 이전에는 한자 또는 베트남 문자 (Chu nom) 를 사용했음.
- 문장구조는 중국어와 상동, 한국어 및 일본어와는 정반대.
- 한자음이 80% 정도 차지함.
- 성조가 있어 성조에 따라 뜻이 틀려짐.
  한국어에는 성조가 없기 때문에, 베트남어를 한국어로 표기 시 다소 어려움이 있으며, 정확하지 못하기에 단순참고하기 바람.
- 동사는 변하지 않으며 과거, 현재, 미래 등은 동사 앞에 시제를 나타내는 단어를 추가로 붙여 표현함.

제 1장

베트남어 발음 소개

Nguyên âm đơn – 단 모음

대문자(소문자)	한글 표시	비고
A (a)	아	
Ă (ă)	아	
Â (â)	어	
E (e)	애	
Ê (ê)	에	
I (i) / Y (y)	이	
O (o)	오	
Ơ (ơ)	어	
Ô (ô)	오	
U (u)	우	
Ư (ư)	으	

Nguyên âm kép - 이중모음

대문자(소문자)	한글 표시	비고
AI (ai)	아이	
AO (ao)	아오	
AU (au)	아우	
AY (ay)	아이	
ÂY (ây)	에이	
EO (eo)	애오	
IA (ia)	이아	
IÊU (iêu)	이에우	
IU (iu)	이우	
OA (oa)	와	
OAI (oai)	와이	
ÔI (ôi)	오이	
UI (ui)	우이	
ƯA (ưa)	으어	
ƯƠI (ươi)	으어이	
ƯƠU (ươu)	으어우	
ƯI (ưi)	으이	
YÊU (yêu)	예우	

<h1 align="center">Phụ âm đơn 단자음</h1>

대문자(소문자)	한글 표시	비고
B (b)	브	
C (c)	ㄱ	
D (d)	ㄷ	
Đ (đ)	ㄷ	
G (g)	ㄱ	
H (h)	ㅎ	
K (k)	ㄱ	
L (l)	ㄹ	
M (m)	ㅁ	
N (n)	ㄴ	
P (p)	ㅍ	
Qu (qu)	ㅋ우	
R (r)	ㄹ	
S (s)	쓰,t	
T (t)	ㄷ,ㄸ	
V (v)	ㅂ	
W (w)		
X (x)	ㅅ,쓰	

Phụ âm kép 이중자음

대문자(소문자)	한글 표시	비고
CH (ch)	ㅈ	
GH (gh)	ㄲ	
GI (gi)	ㅉ	
KH (kh)	ㅋ	
NG (ng)	응	
NH (nh)	ㄴㅈ	
NGH (ngh)	응	
PH (ph)	ㅍ	
TR (tr)	ㅉ	

제 2장

많이 쓰는 단어

1 대명사 -

나(저)	Tôi	또이
선생님	Ông, ngài	옹, 응아이
당신	Cậu, anh, mày	꺼우, 앙, 마이
사모님	Quí bà, phu nhân	꿔바, 푸느안
아가씨,	Cô, cô gái	고, 고까이
아줌마	Dì, bà	지, 바
아저씨	Ông, bác, chú	옹, 박, 쯔우
그	Nó, cậu ấy	느오, 꺼우 아이
그	Bà ấy, ông ấy	바아이, 옹아이
그들	Chúng nó, bọn nó, Họ	쫑느오, 본느오
그사람	Người ấy	느어니 아이
우리(저희)	Chúng tôi	쫑 또이
여러분	Các ông, các ngài	각옹, 각 응아이
너,당신	Mày, cậu	마이, 꺼우

② 명사

회사	Công ty	꽁 띠
집	Nhà	느아
도로	Đường phố	드엉 포
전철역	Ga xe điện	가 새 디엔
자동차	Xe ô tô	새 오도
비행기	Máy bay	마이 바이
학교	Nhà trường	느아 쯔엉
학생	Học sinh	혹씽
대학생	Sinh viên	씽 비엔
선생님	Thầy giáo/ cô giáo	터이 쯔아우, 꼬 쯔아우
시장	Chợ	쯔어
과일	Hoa quả	화과
소주	Rượu	르어우
맥주	Bia	비아
식당	Nhà ăn	느아 안
냉장고	Tủ lạnh	드우 란
텔레비전	Tivi	디비
컴퓨터	Máy tính	마이 딩
상	Cái bàn	까이 반
의자	Ghế	느에
선풍기	Quạt	꾸앋

시계	Đồng hồ	동호
강	Dòng sông	쯔옹 송
산	Núi	느우이
땅	Đất	덧
하늘	Bầu trời	버우 쩌어이
바다	Biển	비엔
태양	Mặt trời	맡 쩌이
달	Trăng	짱
바람	Gió	쯔오
비	Mưa	므어
극장	Rạp hát	랍핫
영화	Phim	핌
표	Vé	배
공원	Công viên	공브엔
동물원	Vườn thú	브언 투
축구	Bóng đá	봉 다
운동장	Sân vận động	선 번 동
공항	Sân bay	선 바이
물건	Đồ vật	도 벋

먹다	Ăn	아안
마시다	Uống	우옹
입다	Mặc	마그
말하다	Nói	느오이
때리다	Đánh, đập	단, 덥
서다	Đứng	드응
보다	Xem	샘
죽다	Chết	쩻
살다	Sống	송
죽이다	Giết	찌엣
취하다	Say	사이
욕하다	Chửi mắng	쯔어이 망
공부하다	Học	혹
앉다	Ngồi	응오이
듣다	Nghe	응애
오다	Đến	덴
가다	Đi	디
하다	Làm	람
쉬다	Nghỉ	느이
씻다	Rửa	르어
빨다	Giặt	쯔앗
요리하다	Nấu	느어우

식사하다	Ăn cơm	아안껌
청소하다	Dọn vệ sinh	쯔온 베 싱
초청하다	Mời	머으이
드리다	Biếu, tặng	비에우, 다응
사랑하다	Yêu	예우
팔다	Bán	반
사다	Mua	뭐
놓다	Đặt, để	닷, 데
쓰다	Viết	볏
기다리다	Đợi, chờ	더이, 쯔어
머무르다	Trú, ngụ, ở	쭈, 응우, 어
바꾸다	Đổi, thay, chuyển	또이, 타이, 쭈엔
날다	Bay	빠이
훔치다	Ăn cắp	안 깝
속다	Lừa gạt	르어 깟
내려가다	Xuống	수엉
올라가다	Lên	렌
주다	Cho	쪼
가져오다	Mang đến	망 덴
가져가다	Mang đi	망 디
부르다	Gọi	꼬오이
좋아하다	Thích	틱
싫다	Ghét	꼬엣
보내다	Gửi	꼬이

빌다	Mong muốn	몽무언
동사+ 고싶다	Muốn (làm gì đó)	무원 (란 찌도)
하고싶다	Muốn làm	무언람
뛰다	Chạy	짜이
당기다	Kéo	개오
밀다	Đẩy	떠이
타다	Cháy	짜이
책망하다	Trách móc	짜그 목
알다	Biết	비엣
모르다	Không biết	콩비엣
이해하다	Hiểu	히에우
잊다	Quên	꾸엔
보고싶다	Nhớ	느어
자다	Ngủ	응우
일어나다	Thức dậy	특저이
계산하다	Đếm	뎀
준비하다	Chuẩn bị	쭈언비
시작하다	Bắt đầu	받더우
만나다	Gặp	갑
회의하다	Họp	홉
비평하다	Phê bình	페빙
잡담하다	Tán dóc	단 쪽
이야기하다	Nói chuyện	느의 쭈엔
싸우다	Cãi nhau	까이 느아우

웃다	Cười	ㄲ어이
울다	Khóc	콕
희망하다	Hy vọng	히 봉
돌아오다	Trở về	쩌 베
돌아가다	Đi về	디 베
닫다	Đóng	동
열다	Mở	머
풀다	Tháo	타오
인사하다	Chào	짜오
묻다	Hỏi	호이
대답하다	Trả lời	짜러이
부탁하다	Nhờ, phó thác	느어, 포탁
전하다	Chuyển	쭈옌
포기하다	Bỏ, từ bỏ	보, 뜨 보

④ 형용사

기쁘다	Vui mừng	부이 뭉
행복하다	Hạnh phúc	항푹
슬프다	Buồn	부언
기분이 좋다	Vui vẻ	부이 배
기분이 안좋다	Không vui	콩 부이
예쁘다	Đẹp (nữ)	댑
잘생기다	Đẹp (nam)	댑
못생기다	Xấu (hình thức)	써우

나쁘다	**Xấu** (nội dung)	써우
젊다	**Trẻ**	쯔애
늙다	**Già**	찌아
크다	**Lớn**	런
작다	**Nhỏ**	느오
많다	**Nhiều**	느예우
적다	**Ít**	일
좋다	**Tốt**	돋
안좋다	**Không tốt**	콩돋
재미 있다	**Hay, thú vị**	하이, 투비
재미 없다	**Dở, không hay**	쯔어, 콩하이
뚱뚱하다	**Béo**	배오
날씬하다	**Thon thả**	톤타
냄새 나다	**Có mùi** (hôi, thơm)	고 무이(호이, 텀)
냄새 좋다	**Thơm**	텀
익다	**Chín**	찐
설익다	**Sống** (chưa chín)	송(쯔어 찐)
약하다	**Yếu**	예우
건강하다	**Khỏe**	쾌
길다	**Dài**	쯔아이
짧다	**Ngắn**	느안
높다	**Cao**	가오
낮다	**Thấp**	텁
넓다	**Rộng**	롱

좁다	Chật	쩔
두껍다	Dày	자이
얇다	Mỏng	몽
깊다	Sâu	써우
덥다	Nóng	농
춥다	Lạnh	라잉
멀다	Xa	사
가깝다	Gần	끄언
빠르다	Nhanh	느앙
느리다	Chậm	쩜
비싸다	Đắt	닫
싸다	Rẻ	래
불쌍하다	Tội nghiệp	도이 응엡
깨끗하다	Sạch sẽ	삳새
더럽다	Bẩn thỉu	번 티우
푸르다	Xanh	사잉
빨갛다	Đỏ	도
노랗다	Vàng	방
하얗다	Trắng	쯔앙
검다	Đen	댄

아주	Rất	랏
완전히	Hoàn toàn	환똰
너무	Quá	꾸아
아까	Vừa mới	브어 머이
또	Cũng	꿍
더	Nữa	느어
아마	Có lẽ	꼬 레
반드시	Nhất định	느엇딩
꼭	Chắc chắn	짝잔
즉시	Ngay tức thì	응나이 득티
...에서	Ở	어
...부터	Từ	드
까지	Đến	덴
같이	Cùng, cùng với	궁, 궁버이
만약	Nếu, lỡ ra	네우, 러라
그래서	Cho nên	쪼녠
그렇지만	Tuy vậy nhưng	뒤 버이 느응
그런데	Nhưng mà	느응마
와	Với, cùng với	버이, 궁버이
과	Với, cùng với	버이, 궁버이
안그러면	Nếu không thì	네우 콩 티

의	Của	꾸어
나의(내)	Của tôi	꾸어 또이
저의(제)	Của tôi	
남동생의	Của em trai	꾸어 앰 짜이
너의	Của anh, của cậu	꾸어 아잉, 꾸어 꺼우
당신의	Của mày	꾸어 마이
선생님의	Của ngài	꾸어 응아이
부인의	Của quí bà	꾸어 귀 바
아주머니의	Của bà	꾸어 바
우리들의/ 저희들의	Của chúng tôi	꾸어 쭝 또이

제 3 장

기본회화

저	Tôi	또이
나	Tôi	또이
우리	Chúng tôi	쫑 또이
저희	Chúng tôi	쫑 또이
성함	Tên họ	덴 호
이름	Tên	덴
연세	Tuổi tác	두어이 닥
선생님	Ông, ngài	옹, 응아니
이분	Vị này	비 나이
저분	Vị kia/ người kia	비 기아/ 응어이 기아
직책	Chức vụ	쪽부
직장	Nơi làm việc	느어이 람 비엑
명함	Danh thiếp	장 티엡
만나다	Gặp gỡ	갑 그어
헤어지다	Chia tay	찌아 다이
악수하다	Bắt tay	받 다이
소개하다	Giới thiệu	지어이 티에우

자기소개	Tự giới thiệu	뜨 지어이 티에우
인사하다	Chào hỏi	짜우 호이
처음 만나다	Gặp lần đầu	갑 런 더우
저는...입니다	Tôi là...	또이 라
건강	Sức khoẻ	쓱 쾌
지내다	Sống	송
안부	Hỏi thăm	호이 탐
안부를 전하다	Gửi lời hỏi thăm	그이 러이 호이 탐
찾아 뵙다	Đến chào/ra mắt	덴 짜우/ 라맛
반갑다	Vui mừng	부이 뭉
외국인	Người nước ngoài	응어이 느어이 응와이
관광객	Khách du lịch	칵 주 릭

베트남 사람과의 만남 시 주의 사항 :

- 한국어의 경우 주어 없이 그냥 "식사하셨습니까?" 라고 말할 수 있지만, 베트남어는 반드시 주어가 들어가야 하므로, "선생님, 식사하셨습니까"라고 말해야 합니다.

- 즉, 주어가 없으면 실례가 됩니다.

- 베트남인들은 서로 인사를 할 때 머리를 숙이지 않습니다. 그러나, 어린이들이 어른한테 인사할 때는 가슴 앞에 양손을 모아 약간 머리 숙이며 인사합니다.

안녕하세요
Xin chào
씬 짜우.

또 만나요.
Hẹn gặp lại
핸 그압 라이

즐거운 하루 되세요.
Chúc một ngày tốt lành.
쭉 몰 응아이 돋 라잉

행운을 빕니다.
Cầu chúc anh may mắn.
꺼우 쭉 아잉 마이 만

만나서 반갑습니다.
Rất hân hạnh gặp anh.
럴 헌 하잉 그압 아잉

이제 가야겠군요.
Tôi phải đi bây giờ.
또이 파이 디 버이 즈어

조금 더 있다가 가면 안 되겠습니까?

Anh (chị) ở lại thêm một tí không được sao?
아잉(찌) 어 템 몰 디 콩 드억 사오?

애기 즐거웠습니다.
Buổi nói chuyện thật là vui.
부오이 노이 쭈옌 털 라 부이

연락하겠습니다.
Tôi sẽ liên lạc với anh (chị).
또이 새 리엔 락 버이 아잉 (찌)

이게 누굽니까? 만난지 몇 년은 된 것 같은데요.
Ai đây? Mấy năm rồi giờ mới gặp.
아이 떠이? 머이 남 르오이 쯔어 머이 그압?

오랜만이군요. 어디 갔다 왔어요?
Lâu quá rồi mới gặp. Cậu đi đâu về vậy?
러우 꾸아 로이 머이 그압. 꺼우 디 더우 베 버이?

한국어를 배우러 한국에 갔었어요.
Sang Hàn Quốc để học tiếng Hàn.
상 한 꾸억 데 혹 디엥 한

그랬군요. 재미있었어요?
Vậy hả? Có vui không?
버이 하? 고 부이 콩?

좋았어요, 당신은 어떻게 지내셨어요?
Vui lắm, anh (chị, cậu) thế nào?
부이람, 아잉 (찌, 꺼우) 테 나오?

저도 잘 지내요. 가족들도 안녕하시지요?
Đều tốt cả (cũng bình thường cả). Gia đình anh thế nào?
데우 돋 가(궁 빙 트엉 가). 짜 딩 아잉 테 나오?

다 잘 있어요.
Mọi người đều khoẻ mạnh cả.
모이 응어이 데우 쾌 가

내일 재혁씨를 만나기로 했어요
Ngày mai tôi hẹn gặp với anh Chehuyk.
응아이 마이 도이 헨 그압 버이 아잉 재 혁

그래요, 안부 좀 전해 주세요.
Vậy ư, vậy cho tôi gửi lời hỏi thăm.
버이 으, 버이 쪼 또이 끄어이 러이 호이 탐

그렇게 할게요.
Vâng, tôi sẽ chuyển.
벙, 또이 새 쭈옌

제가 그를 보고 싶다고 전해주세요.
Nói với anh ta là tôi nhớ anh ấy lắm đấy.
노이 버이 아잉 다 라 도이 느어 아잉 다 람 떠이

그를 다음주에 만나면 어때요.
Anh có muốn gặp anh ấy vào tuần sau không?
아잉 고 무원 그압 아잉 어이 바오 두언 사우 콩?

4. 소개

실례합니다. 자우 씨인가요?
Xin lỗi, anh có phải anh Châu không?
씬 로이, 아잉 고 파이 라 아잉 쩌우 콩?

네, 맞습니다. 안녕하세요.
Vâng đúng như vậy, chào anh.
벙, 둥 느 버이, 짜우 아잉

안녕하세요. 저는 황 이라고 합니다. 처음 뵙겠습니다.
Chào anh, tôi là Hoàng, hân hạnh được gặp anh.
짜우잉, 또이 라 황, 헌 하이 드억 그압 아잉

만나서 반갑습니다. 말씀 많이 들었습니다.
Hân hạnh được gặp anh, tôi đã được nghe nói nhiều về anh.
한 하잉 드억 그압 아잉, 또이 다 드억 응애 노이 느에우 베 아잉

Tuấn씨, Tùng씨와 인사한 적 있어요?
Này Tuấn, cậu đã gặp Tùng lần nào chưa?
나이 뚜언, 꺼우 다 그압 뚱 런 나오 쯔어?

아니요, 인사한 적이 없어요.
Chưa, chưa gặp bao giờ cả.
쯔어, 쯔어 그압 바오 저 가

Tùng 씨, Tuấn 씨를 소개할게요.
Tùng này, tớ giới thiệu với đây là cậu Tuấn .
뚱 나이, 떠 쩌이 티에우 꺼우 버이 뚜언 떠이

Tuan 씨, 안녕하세요, 만나서 반가워요.
Chào Tuấn, thật vui được gặp cậu.
짜우 뚜언, 털 부이 드억 그압 꺼우

이름이 어떻게 되세요?
Tên cậu là gì nhỉ?
뗀 꺼우 느 테 나우 느이?

Nguyễn Văn Tùng 입니다.
Tôi tên là Nguyễn Văn Tùng.
또이 뗀 라 응원 반 뚱

어떻게 부를까요?
Tôi gọi anh như thế nào đây?
또이 꼬이 아잉 느 테 나우 떠이?

Tùng이라고 부르면 되죠.
Hãy gọi tôi là Tùng.
하이 고이 또이 라 뚱

어디서 오셨습니까?
Anh từ đâu tới vậy?
아잉 드 더우 더이 버이?

———

한국에서 왔습니다.
Tôi từ Hàn Quốc tới.
또이 드 한 꾸억 더이.

———

사업차 오셨나요?
Anh đi làm ăn phải không?
아잉 디 람 안 파이 콩?

———

아니오. 놀러 왔습니다.
Không, tôi đi chơi thôi mà.
콩, 또이 디 쩌이 토이 마.

———

제 소개를 하겠습니다.
Tôi xin được tự giới thiệu.
또이 씬 드억 드 쩌이 티에우.

———

저는 한국 서울에서 왔습니다.
Tôi từ Seoul Hàn Quốc đến.
또이 드 서울 한 꾸억 덴.

———

좋은 친구가 되었으면 합니다.
Tôi muốn chúng ta trở thành bạn tốt của nhau.
또이 무언 쭝 다 쯔어 타잉 반 돋 꾸어 나아우

———

우리는 만난 적이 없습니다.
Chúng tôi chưa gặp nhau bao giờ cả.
쭝 또이 쯔어 그압 느아우 바오 쯔어 까.

이름을 물어 봐도 될까요?
Xin hỏi tên anh có được không?
씬 호이 뗀 아잉 고 드억 콩?

고향이 어디입니까?
Quê anh ở đâu vậy?
꾸에 아잉 어 더우?

미안하지만 이름을 다시 말씀해 주시겠습니까?
Xin lỗi, anh có thể nói tên anh lại được không?
씬 로이, 아일 고 테 노이 뗀 아잉 라이 드억 콩?

어떤 직업을 갖고 계십니까?
Anh làm nghề gì vậy?
아잉 람 응에 쯔이 버이?

기술자 입니다.
Tôi là kỹ sư.
또이 라 기스

5. 감사, 사과

―

5천동을 빌려 주세요. 사무실에 지갑을 두고 왔네요.
Xin cho tôi mượn 5 ngàn đồng, tôi để bóp ở văn phòng rồi.
씬 쪼 또이 므언 남 응안 동 디, 또이 데 봅 어 반 퐁 로이

―

빌려드릴게요. 여기 있어요.
Đương nhiên rồi, có đây ạ.
뜨엉 느엔 로이, 고 떠이 아.

―

고마워요.
Cảm ơn anh (chị).
깜 언 아잉(찌)

―

천만에요.
Không có gì đâu.
콩 고 쯔이 더우.

―

도와 주셔서 감사합니다.
Cảm ơn anh (chị, ông bà vv..) đã giúp đỡ tôi.
깜 언 아잉(찌, 옹 바) 드아 지웁 더 또이.

―

신경 쓰지 마세요. 우리는 친구잖아요.
Anh đừng để ý, chúng ta là bạn mà.
아잉 등 데 이, 쭝 따 라 반 마.

—

당신은 정말 좋은 친구예요.
Anh thật là người bạn tốt.
아잉 텉 라 느어이 반 돝

—

그렇게 생각을 해 주니 기쁘네요.
Anh nghĩ được cho như vậy tôi vui lắm.
앙 응이 드억 쪼 느 버이 또이 부이 람

—

기다리게 해서 미안합니다.
Xin lỗi bắt anh (chị) đợi.
씬 로이 밭 아이(찌) 떠이

—

괜찮습니다.
Không sao.
콩 싸우 떠우

—

오래 기다리셨습니까?
Anh đợi tôi lâu chưa?
아이 떠이 또이 러우 쯔어?

—

아니, 한 10분 정도 밖에 안 됩니다.
Chưa, cũng chỉ khoảng 10 phút thôi.
쯔어, 궁 찌 쿠앙 므어이 풋 토이

—

당신의 친절에 감사합니다.
Cảm ơn anh rất thân thiện.
깜 언 아잉 렅 턴 티엔

오히려 제 기쁨입니다.
Ngược lại tôi rất vui.
응억 라이 또이 럿 부이

별말씀을요.
Có gì đâu.
고 쯔이 더우

모든 것이 고맙습니다.
Cảm ơn anh tất cả mọi điều.
깡 언 아이 떳 까 모이 디에우

제가 한 일에 대해 진심으로 사과드립니다.
Thành thật xin lỗi vì những việc tôi đã làm.
탕 텃 씬로이 비 느응 비엑 또이 따 람

걱정하지 마세요.
Anh (chị) đừng lo.
앙(찌) 등 로

제가 실수를 했습니다.
Tôi đã sai.
또이 따 사이

고의로 그런 것은 아닙니다.
Tôi không cố ý làm như vậy.
또이 콩 고 이 람 느 버이

미안해요 사람을 잘못 봤군요.
Xin lỗi, tôi nhìn nhầm người.
씬 로이 또이 느인 느엄 응어이

제발 나를 용서해 주세요.
Mong anh hãy tha thứ cho tôi.
몽 아잉 하이 타 트 쪼 또이

내가 참 바보 같았습니다.
Tôi thật là ngốc.
또이 텃 라 응옥

부탁 좀 하나 들어줄래요?
Anh giúp tôi việc này có được không?
아이 지웁 또이 비엑 나이 고 드억 콩?

물론이죠. 뭔데요?
Đương nhiên rồi, chuyện gì vậy?
뜨엉 느엔 로이, 쭈엔 쯔이 버이?

10만동을 빌려주세요. 지갑을 사무실에 놓고 왔거든요.
Cho tôi mượn 100 ngàn đồng. Tôi để ví ở văn phòng rồi.
쪼 또이 므언 몯 잠 응안 동. 또이 데 비 어 반 퐁 로이

알았어요. 여기요.
Được rồi, có đây mà.
드억 로이, 고 떠이 마

TV소리를 줄여주시겠습니까?
Anh có thể vặn nhỏ tiếng Tivi được không?
아잉 고 테 번 느오 디엥 디비 드억 콩

물론이죠.
Đương nhiên được.
뜨엉 느엔 드억

감사해요.
Cảm ơn anh.
깜 언 아잉

예약하고 싶습니다.
Tôi muốn đặt trước.
또이 무언 닽 쯔억

이것을 주세요.
Cho tôi cái này.
쪼 또이 까이 나아이

부탁 좀 들어 주시겠습니까?
Anh giúp tôi việc này được không?
아잉 지웁 또이 비엑 나이 드억 콩

여기서 담배를 피워도 됩니까?
Ở đây hút thuốc có được không?
어 떠이 훗 투옥 고 드억 콩

들어가도 됩니까?
Đi vào có được không?
디 바오 고 드억 콩

거기에 가는 방법을 가르쳐 주시겠어요?
Hãy chỉ cho tôi đường tới chỗ ấy.
하이 찌 쪼 또이 뜨엉 떠이 쪼 어이

제 가방을 잠깐 들어 주시겠어요?
Anh (chị) xách hộ giùm tôi cái túi xách có được không?
아잉(지) 사즈 호 즈움 또이 까이 뚜이 사즈 고 드억 콩

그것은 무엇에 쓰는 겁니까?
Cái này dùng để làm gì vậy?
까이 느아이 쯔웅 데 람 쯔이버이

뭐라고 말씀하셨습니까?
Anh vừa nói gì ạ?
아잉 브어 노이 쯔이 아?

출 · 입국 시 유의 사항:

- 한국에서 베트남까지 또는 베트남에서 한국까지의 논스톱 비행 시간은 보통 5시간 정도 됩니다. 호치민 Tan Son Nhat 국제공항은 호치민 시내에 있으나, 하노이 Noi bai 공항은 시내까지 버스로 2시간 정도 소요됩니다.

- 현재 한국인 관광객들은 비자 없이 베트남에 입국할 수 있으나 15일 이상 체류하면 비자 또는 거주허락을 받아야합니다.

- 베트남 현지에서는 미화($)를 어디에서나 사용 할 수 있으므로 크게 환전을 할 필요는 없습니다. 환전은 은행이나 금은방 등에서 할 수 있습니다.

제 4장

기내, 입국, 짐 찾기, 환전

공항	Sân bay	썬 바이
항공사	Hãng hàng không	하앙 항 콩
비행기	Máy bay	마이 바이
비행기로 가다	Đi bằng máy bay	디 방 마이 바이
비행기를 타다	Đi máy bay, lên máy bay	디 마이 바이, 렌 마이 바이
탑승하다	Lên máy bay	렌 마이 바이
기내	Trong máy bay	쫑 마이바이
좌석	Chỗ ngồi	쪼 응오이
탑승권	Thẻ lên máy bay	태 렌 마이 바이
짐	Hành lý	하잉 리
안전벨트	Dây an toàn	쩌이 안 도안
승무원	Tiếp viên	디엡 비엔
조종사	Phi công	피 꽁
비행시간	Thời gian bay	터이 짠 바이
비행속도	Tốc độ bay	독 또 바이
비행고도	Độ cao bay	또 까우 바이
비행경로	Đường bay	뜨엉 바이

이륙하다	Cất cánh	껏 까잉
착륙하다	Hạ cánh	하 까잉
비행취소/중지	Chuyến bay bị hủy	쭈엔 바이 비 후이
장거리 비행	Chuyến bay đường dài	쭈엔 바이 뜨엉 자이
갈아타다	Trung chuyển	쭝 쭈엔
입국	Nhập cảnh	느업 까잉
출국	Xuất cảnh	수엇 까잉
입국신고서	Tờ khai nhập cảnh	떠 카이 느업 까잉
출국신고서	Tờ khai xuất cảnh	떠 카이 수엇 까잉
여권	Hộ chiếu	호 찌에우
비자	Visa, thị thực	비 쯔아, 티 특
체류목적	Mục đích cư trú	무욱 딕 끄 쭈
체류기간	Thời gian cư trú	터이 짜인 끄 쭈
입국심사	Thẩm tra nhập cảnh	텀 짜 느업 까잉
공항세관	Hải quan sân bay	하이 관 썬 바이
세관 신고	Khai báo hải quan	카이 바오 하이 관
짐을 찾다	Tìm hành lý	딤 하잉 리
환전하다	Đổi tiền	

1. 기내, 입국, 짐 찾기, 환전

제 좌석을 찾아 주시겠어요?
Anh tìm hộ tôi chỗ ngồi được không?
아잉 딤 호 쪼 응오이 쯔 또이 드억 콩

네. 탑승권을 보여 주세요.
Vâng, hãy cho tôi xem thẻ lên máy bay.
브엉. 하이 쪼 또이 샘 태 렌 마이 바이

여기 있습니다.
Có đây ạ.
고 떠이 아.

이쪽으로 오세요. 제가 안내해 드릴게요.
Hãy đi lại hướng này, tôi sẽ hướng dẫn cho anh (chị).
하이 디 라이 흐엉 나이. 또이 새 흐엉 즌언 쪼 아잉 (찌)

감사합니다.
Xin cảm ơn.
씬 깜 언

손님 좌석은 바로 저쪽 통로에 있습니다.
Chỗ ngồi của quí khách nằm ở lối đi đằng kia ạ.
쪼 응오이 꾸어 귀 칵 남 어 로이 디 땅 기아

실례지만 이 안전벨트를 어떻게 매죠?
Xin lỗi, dây an toàn cài như thế nào ạ?
씬 로이, 쩌이 안 똔 까이 능 테 나오 버이?

이렇게 하시면 됩니다.
Làm như thế này là được.
람 느 테 나이 라 드억

알겠습니다. 이걸 풀 때는 어떻게 하면 되나요?
Tôi biết rồi. Khi mở thì làm thế nào?
또이 비엣 로이, 키 머 티 람 테 나오?

그 반대로 하시면 됩니다. 이 부분을 누르시고 그냥 빼세요.
Làm ngược lúc nãy là được. Đè vào chỗ này và rút ra là được.
람 응억 룩 나이 라 드억. 때 바오 쯔오 나이 바 룻 라 라 드억

감사합니다.
Xin cảm ơn.
씬 깜 언.

별말씀을요.
Không có gì đâu.
콩 고 쯔이 떠우.

3. 마실 것 좀 주시겠어요?

스튜어디스, 마실 것 좀 주시겠어요?
Cô tiếp viên, cho tôi cái gì uống được không?
고 띠엡 비엔, 쪼 또이 까이 쯔이 우엉 드억 콩?

네, 뭘 드시겠습니까?
Vâng, anh dùng gì ạ?
브엉, 아잉 쭝 쯔이 아?

오렌지 주스 주세요.
Cho tôi nước cam.
쪼 또이 느억 감

네, 금방 갖다 드리겠습니다.
Vâng, tôi sẽ mang đến ngay.
브엉, 또이 새 망 뎬 응아이

감사합니다. 얼음은 넣지 마세요.
Cảm ơn, đừng bỏ đá lạnh vào.
깜언, 뜽 보 다 라잉 바오.

알겠습니다.
Vâng, tôi biết rồi.
브엉, 또이 비엣 로이

실례지만 잠깐 얘기 좀 할 수 있을까요, 아가씨?
Xin lỗi, cô có thể nói chuyện một chút được không, cô?
씬 로이, 꼬 고 테 노이 쭈엔 몰 줏 드억 콩, 꼬

네, 선생님.
Được thưa ông.
드억 트어 옹

제 좌석을 바꾸고 싶습니다.
Tôi muốn đổi chỗ ngồi.
또이 무언 또이 쪼 응오이.

무슨 이유라도 있으세요?
Thưa có lý do gì không ạ?
트어 고 리 찌오 쯔이 콩 아?

네, 옆에 앉은 사람이 코를 너무 심하게 골아서 견딜 수가
없군요.
Vâng, người bên cạnh ngáy to quá tôi không chịu được.
브엉, 응어이 벤 가잉 응아이 도 구아 또이 콩 찌우 드억

알겠습니다. 뒤쪽에 있는 빈 자리로 옮기시죠.
Tôi biết rồi. Mời ông chuyển tới chỗ trống phía sau kia.
또이 비엣 로이. 머이 옹 쭈엔 더이 쪼이 쫑 피아 사우 기아

5. 비행시간을 물을 때

실례합니다. 비행시간은 얼마나 됩니까?
Xin lỗi, thời gian bay là bao nhiêu?
씬 로이, 터이 찌안 바이 라 바우 느에우?

서울에서 호치민까지 다섯시간 걸립니다. 오늘 밤 열한시에
도착할 예정입니다.
**Từ Seoul tới thành phố Hồ Chí Minh mất 5 tiếng đồng hồ. Dự
định sẽ đến nơi vào lúc 11 giờ đêm nay.**
뜨 서울 더이 타잉 포 호 지 밍 멋 남 디엥 동 호. 즈 딩 새 덴 너이 룩 머
어이 몰 찌어 뎀 나이

고맙습니다.
Cảm ơn cô.
깜 언 꼬

천만에요.
Không có gì.
콩 고 즈이

6. 시차 물을 때

뭐 좀 물어봐도 될까요?
Cho tôi hỏi một chút có được không ạ?
쪼 또이 호이 몯 줏 고 드억 콩 아?

네, 물론이죠.
Vâng, được mà.
브엉, 드억 마

서울과 호치민간 시차는 얼마입니까?
Seoul và Hồ Chí Minh chênh nhau mấy tiếng đồng hồ?
서울 바 호 지 민 제잉 느아우 머이 디엥 동 호?

2시간입니다. 서울이 2시간 빠릅니다.
Hai tiếng đồng hồ. Seoul nhanh hơn 2 tiếng.
하이 디엥 동호. 서울 느아잉 헌 하이 디엥

알겠어요. 고맙습니다.
Tôi rõ rồi, xin cảm ơn.
또이 로 로이, 씬 깜 언

7. 몇 시간이나 더 가야 합니까?

호치민에 도착할 때까지 몇 시간이나 더 가야 합니까?
Tới thành phố Hồ Chí Minh còn phải đi bao lâu nữa?
떠이 타잉 포 호 지 민 꼰 파이 디 바오 러우 느어?

두 시간 더 가면 됩니다.
Hai tiếng nữa là tới nơi.
하이 디엥 느어 라 더이 너이

정시에 도착하나요?
Có đến đúng giờ không?
고 덴 둥 찌어 콩?

아닙니다. 30분 연착 입니다.
Không, muộn mất khoảng 30 phút.
콩, 무언 멋 코앙 바 므어이 풋

왜 연착이 되는 거죠?
Tại sao lại đến muộn?
따이 사우 라이 덴 무언?

나쁜 날씨와 강한 맞바람 때문이에요.
Vì thời tiết xấu và gió ngược thổi mạnh.
비 터이 디엣 써우 바 찌오 응윽 토이 마잉

8. 입국 심사할 때

여권 좀 보여주세요.
Hãy cho xem hộ chiếu.
하이 쪼 샘 호 찌에우

여기 있습니다.
Có đây.
고 떠이

방문 목적은 무엇 입니까?
Mục đích nhập cảnh là gì vậy?
묵 띡 느업 까잉 라 쯔이 버이?

관광입니다.
Đi du lịch.
디 쯔우 리익

베트남에 얼마나 머무르실 겁니까?
Anh sẽ ở Việt Nam bao lâu?
아잉 새어 베트남 바오 러우?

10일이요.
10 ngày.
므어이 응아이.

좋습니다. 가셔도 좋습니다.
Được rồi, anh (chị) có thể đi.
드억 로이, 아잉(찌) 고 테 디.

고맙습니다.
Cảm ơn ông.
깜언 옹

호치민에 가십니까?
Anh đi thành phố Hồ Chí Minh phải không?
아잉 디 타잉 포 호 지 민 파이 콩?

예.
Vâng.
브엉

이 양식을 작성하세요.
Hãy điền vào mẫu này.
하이 띠엔 바오 머우 나이.

어떻게 쓰는지 가르쳐 주시겠습니까?
Anh có thể chỉ cho tôi điền như thế nào được không?
아잉 고 테 찌 쪼 또이 띠엔 느테 나오 드억 콩?

여기에 여권번호를 쓰세요.
Hãy viết số hộ chiếu vào đây.
하이 비엣 소 호 찌에우 바우 떠이.

죄송합니다. 제가 실수했습니다. 한 장 더 주시겠어요?
Xin lỗi tôi viết sai rồi, cho tôi xin tờ khác.
씬 로이 또이 비엣 사이 로이 쪼 또이 떠 칵

여기 있어요.
Có đây thưa ông.
고 떠이 트어 옹

제가 기재한 것을 봐 주시 겠어요?
Anh xem giùm tôi có được không?
아잉 샘 찌움 또이 고 드억 콩?

예.
Vâng.
브엉

———

신고할 것이 있습니까?
Ông (bà, anh chị) có gì khai báo không vậy?
옹 (바, 아잉, 찌) 고 쯔이 카이 바오 콩 버이?

———

없습니다.
Không có.
콩 고

———

가방을 열어 보세요. 이것은 무엇입니까?
Hãy mở túi ra cho tôi coi. Cái này là cái gì?
하이 머 뚜이 라 쪼 또이 고이. 까아 나이 라 까이 즈이?

———

화장품과 라면입니다.
Mỹ phẩm và mì gói.
미 펌 바 미 고이

———

식물이나 동물 있습니까?
Có các loại thực vật và động vật không?
고 각 로아이 특 벗 바 동 벗 콩?

———

없습니다.
Không có.
콩 고

됐습니다. 즐거운 시간 보내세요.
Được rồi, chúc ông (bà) có thời gian vui vẻ.
드억 로이, 쭉 옹(바) 고 터이 찌안 부이 배

11. 짐 찾을 때

말씀 좀 여쭐게요. 어디에서 짐을 찾습니까?
Xin cho hỏi nhờ, lấy hành lý ở đâu ạ?
씬 쪼 호이 느어, 러이 하잉 리 어 더우 아?

곧장 가세요. 그러면 찾으실 수 있을 겁니다.
Hãy đi thẳng. Vậy sẽ tìm thấy ở đó.
하이 디 탕. 버이 새 딤 터이 어 또

고맙습니다.
Xin cảm ơn.
씬 깜 언

천만에요.
Không có gì.
콩 고 쯔이

12. 환전할 때

무엇을 도와드릴까요?
Tôi có thể giúp gì anh (chị)?
또이 고 테 지웁 쯔이 아잉(찌)

달러를 베트남돈으로 바꿀 수 있을까요?
Có thể đổi đô la sang tiền Việt Nam được không?
고 테 또이 도 라 상 디엔 베트남 드억 콩?

네, 얼마나 원하십니까?
Được, Anh muốn đổi bao nhiêu?
드억, 아잉 무언 또이 바오 느에우?

100 불입니다.
100 đô la
몯 짬 또 라

좌석 안전 벨트를 매 주세요.
Hãy thắt dây an toàn ở ghế ngồi.
하이 탓 쩌이 안 또안 어 끄에 응오이

담배를 피워도 되겠습니까?
Hút thuốc có được không vậy?
훗 투억 라 고 드억 콩 버이?

설탕 넣지 마세요.
Đừng bỏ đường vào nha.
뜽 뽀 뜨엉 바오 느아

여기 있습니다.
Có đây ạ.
고 떠이 아

얼마나 머무실 예정 입니까?
Anh (chị) định sẽ ở đây bao lâu?
아잉 (찌) 딩 새 어 떠이 바오 러우?

어떻게 드릴까요?
Anh (chị) muốn loại nào vậy?
아잉(찌) 무언 로아이 느아오 버이?

즐거운 여행 되세요.
Chúc ông đi may mắn.
쭉 옹 디 마이 마안

전화를 걸 때

- 베트남 현지에는 공중전화가 있긴 하나, 그 수가 많지 않아 이용을 하려면 아무래도 여러모로 불편한 점이 많습니다.
- 전화를 하려면 가까운 로컬우체국이나 호텔에서 하면 됩니다. 물론 수신자부담 전화(collect call)도 가능합니다.
- 베트남의 이동통신비는 현재 상당히 비싼 편입니다.
- 베트남의 이동통신방식은 CDMA과 GSM 두 가지가 있습니다
- 긴급전화:경찰:113, 화재발생:114,
  응급:115, 시간알림:117,
  종합정보:1080(한국의 114).
- 베트남에서 한국으로 전화 시 00-82-지역번호(0을 제외하) + 전화번호

제 5장

우체국	Bưu điện	쁘우 띠엔
편지	Thư	트
편지를 쓰다	Viết thư	비엣 트
편지를 받다	Nhận thư	느언 트
봉투	Phong bì	퐁 비
등기	Thư bảo đảm	트 바오 땀
소포	Bưu phẩm	쁘우 펌
우표	Tem	댐
엽서	Bưu ảnh	쁘우 아잉
카드	Thiệp	티엡
전화	Điện thoại	띠엔 퇘이
전화를 걸다	Quay điện thoại	구아이 띠엔 퇘이
전화 연결하다	Nói điện thoại	느오이 띠엔 퇘이
국제전화	Điện thoại quốc tế	띠엔 퇘이 꾸억 데

시외전화	Điện thoại liên tỉnh	띠엔 톼이 리엔 딩
공중전화	Điện thoại công cộng	띠엔 톼아 꽁 꿍
전화 카드	Thẻ điện thoại	태 띠엔 톼이
휴대폰	Điện thoại cầm tay	떼인 톼이 껌 따이
전화요금	Phí/tiền điện thoại	피/ 띠엔 띠엔 톼이
부치다	Gửi	끄어이
전화하다	Gọi điện thoại	끄오이 디엔 톼이
통화요금	Tiền điện thoại	띠엔 띠엔 톼이
편지통	Thùng thư, hộp thư	퉁 트, 홉 트
편지지	Giấy viết thư	찌어이 비엣 트
전화번호부	Danh bạ điện thoại	자잉 바 띠엔 톼이
수신자	Người nhận	응어이 느언
발신자	Người gửi	느어이 끄이

교환입니다. 무엇을 도와드릴까요?
Tổng đài đây, tôi có thể giúp gì được ngài?
똥 따이 떠이, 또이 고 테 지웁 쯔이 드억 응아이?

국제 전화하려고 합니다.
Tôi muốn gọi điện thoại quốc tế.
또이 무언 꼬이 띠텐 톼이 꾸억 떼

어디에 거실 겁니까?
Anh gọi đi đâu?
아잉 꼬이 디 떠우?

한국 서울 입니다.
Về Seoul Hàn Quốc
베 서울 한 꾸억

전화번호를 말씀해 주세요
Hãy cho biết số điện thoại.
하이 쪼 비엣 쏘 띠엔 톼이.

전
화

67

김씨와 통화하고 싶은데요.
Tôi muốn nói chuyện với ông Kim
또이 무언 노이 쭈엔 버이 옹 김

죄송합니다. 통화중이신데 잠시만 기다려 주세요.
Xin lỗi, hiện đang bận máy, anh (chị) chờ cho một chút.
씬 로이, 히엔 땅 번 마이, 아잉 (찌) 저 쪼 몯 랏

알겠습니다.
Cảm ơn cô.
깜 언 꼬

3. 그가 있나 볼게요.

여보세요? 미스터 리 좀 바꿔 주시겠습니까?
A lô, cho tôi gặp ông Lee.
아로 쪼 또이 그압 옹 리

누구신가요?
Xin hỏi ai vậy?
씬 호이 아이 버이?

안자우 입니다.
Tôi là An Châu.
또이 라 안 쩌우

잠시만요, 그가 있나 볼게요.
Xin chờ một chút, xem anh ta có hay không.
씬 쩌 몯 쭛, 샘 아잉 따 고 하이 콩

감사합니다.
Cảm ơn.
깜 언

4. 전화를 기다리고 있습니다.

성희씨 계십니까?
Cô Xơng Hi có ở nhà không?
꼬 성 히 고 어 느아 콩?

제가 성희 입니다.
Tôi là Xơng hi đây
또이 라 성 희 떠이

안녕하세요, 성희씨, 저는 미스 김인데요, 전화를 해달라고
하셨다기에 전화 드립니다.
Xin chào cô, tôi là Kim, nghe nhắn là gọi điện cho cô nên tôi
gọi.
씬 자오 꼬, 또이 라 김, 응애 느안 라 꼬이 띠엔 쪼 꼬 넨 또이 꼬이

아, 네, 미스 김. 전화 기다리고 있었습니다.
À, vâng, cô Kim, tôi đang đợi điện thoại cô đây.
아, 브엉, 꼬 김, 또이 당 더이 디엔 톼이 꼬 떠이

여보세요. 김선생님 부탁합니다.
A lô, cho tôi gặp ông Kim.
아로. 쪼 또이 그압 옹 김

잠시 나가셨는데요, 메모를 남기시겠습니까?
Xin lỗi, ông ta vừa ra ngoài. Anh có nhắn gì không ạ?
씬 로이, 옹 다 브어 라 응와이. 아잉 고 느안 쯔이 콩 아?

네, 저는 Tuan입니다. 전화왔었다고 전해주십시오.
Vâng, tôi là Tuấn, hãy nói là tôi đã điện thoại đến.
브엉. 또이 라 뚜언. 하이 노이 라 또이 따 띠엔 토아이 뗀

네. 메모해 드리겠습니다.
Vâng, tôi sẽ nhắn lại như vậy.
브엉. 또이 새 느안 라이 느 버이

전
화

6. 출장 가셨는데요.

사무실에 미스터 리 있어요?
Có ông Lee trong văn phòng không?
고 옹 리 쫑 반 퐁 콩?

출장가셨는데요.
Xin lỗi, ông ấy đi công tác rồi.
씬 로이, 옹 어이 디 공 딱 로이.

언제 돌아올까요?
Bao giờ ông ấy quay lại?
바우 찌어 옹어이 꾸아이 라이?

다음 주 화요일에 돌아오십니다.
Thứ ba tuần sau ông ấy mới về.
트 바 뚜언 싸우 옹 어이 머이 베

7. 전화가 고장 났어요.

여보세요
A lô?
아 로

전화센터입니다. 무엇을 도와 드릴까요?
Đây là bộ phận sửa chữa, chúng tôi có thể giúp gì được ngài?
떠이 라 보 펀 스어 쯔어, 쭝 또이 고 테 지웁 쯔이 드억 응아이?

네, 우리집 전화가 고장났어요.
Vâng, điện thoại nhà tôi hư rồi.
브엉, 띠엔 톼이 느아 또이 흐 로이.

어떻게 고장이 났죠?
Hư như thế nào ạ?
흐 느 테 나오 아?

전화가 걸리지 않아요.
Gọi không được.
꼬이 콩 드억

알았습니다. 번호가 몇 번입니까?
Chúng tôi biết rồi, số điện thoại là bao nhiêu?
쭝 또이 비엣 로이, 쏘 떼인 톼이 라 바오 느에우?

번호가 452-3697 입니다
Số điện thoại là 452-3697
쏘 떼인 톼이 라 본 남 하이 바 사우 찐 바이

고쳐 드리겠습니다. 몇 분 후에 다시 걸어보세요.
Chúng tôi sẽ sửa ngay, vài phút sau ông thử gọi lại xem.
쭝 또이 새 쓰어 응아이, 바이 풋 사우 옹 트 꼬이 라이 트 샘

빨리 해주세요.
Mong sửa nhanh cho.
몽 쓰어 느앙 쪼

알았습니다.
Chúng tôi biết rồi.
쭝 또이 비엣 로이

감사합니다.
Cảm ơn nhiều.
깜 언 느이에우

천만에요.
Không có chi.
콩 고 지

8. 유용한 표현

전화를 사용해도 됩니까?
Tôi gọi điện thoại có được không ạ?
또이 꼬이 띠엔 톼이 고 드억 콩 아?

메시지 남겨 주실래요?
Anh để lại lời nhắn có được không?
아잉 떼 라이 딘 느안 고 드억 콩

통화 중인데요.
Anh (chị) ấy đang bận điện thoại.
아잉 (찌) 어이 땅 번 띠엔 톼이.

저에게 전화하라고 전해 주세요.
Hãy nói ông ta điện thoại cho tôi.
하이 노이 옹 다 띠엔 톼이 쪼 또이

누구신가요?
Thưa ai vậy?
트어 아이 버이?

잠시만 기다려 주세요.
Hãy đợi cho một lát.
하이 떠이 쪼 몯 랃

나중에 다시 하겠습니다.
Tôi sẽ gọi lại sau.
또이 새 꼬이 라이 사우.

전화 받아보시겠습니까?
Anh bắt điện thoại xem/ anh bắt điện thoại đi.
아잉 받 띠엔 톼이 샘/ 아잉 받 띠엔 톼이 디

누구한테서 왔나요?
Điện thoại của ai vậy?
띠엔 톼이 꾸어 아이 버이?

전화 왔습니다.
Có điện thoại đến.
고 띠엔 톼이 덴

한 시간 후에 돌아올 것입니다.
Một tiếng đồng hồ sau sẽ quay lại.
몯 디엥 동 호 사우 새 꾸아이 라이

기다리시겠습니까, 아니면 다시 하시겠습니까?
Anh đợi máy hay sẽ gọi lại?
아잉 더이 마이 하이 새 꼬이 라이?

그에게 전화하라고 할까요?
Tôi sẽ nói điện thoại cho anh ta nhé?
또이 새 노이 라 띠엔 톼이 쪼 아잉 따 느애

선생님의 말이 잘 안들려요.
Tôi nghe không rõ anh (chị) nói.
또이 콩 응애 로 아잉(찌) 느오이

좀 크게 말씀해 주시겠습니까?
Hãy nói to thêm một chút.
하이 노이 도 템 몯 춧.

전화 잘못 걸었습니다.
Anh (chị) gọi nhầm số rồi.
아잉 (찌) 꼬이 느엄 쏘 로이.

제가 이 소포를 한국으로 보내고 싶습니다.
Tôi muốn gửi bưu phẩm này về Hàn Quốc
또이 무언 끄이 브우 펌 나이 베 한 꾸억

등기로 보내주세요
Tôi muốn gửi bằng đường bảo đảm.
또이 무언 끄이 방 드억 바오 담.

전화 카드 하나 주세요.
Bán cho tôi một chiếc thẻ điện thoại.
반 쪼 또이 몯 찌엑 태 띠엔 톼이

전
화

베트남에서 쇼핑할 때 :

- 베트남 호치민과 하노이 시내에는 큰 백화점들이 있습
  니다. 호치민에는 Diamond plaza, Thuongxa Tax, 시
  내면세점, Parkson 등이 있고 재래시장도 많이 있습
  니다. 대표적으로 Cho Ben Thanh (벤탄 시장), Cho
  lon (쯔어런 시장) 등이 있습니다.

- 시장에서는 가격 흥정이 가능합니다. 수공예품은 Le
  Loi, Dong Khoi 및 Cho Ben Thanh에서 구입할 수
  있습니다. 야시장은 벤타잉시장의 주변에서 열립니다.
  주로 음식 및 옷, 수공예품 등을 판매합니다.

- 베트남 백화점, 시장 등에서 미화($) 거래가 가능하지
  만, 불합리한 환율 계산 등이 있을 수 있으니 미리 작
  은 단위의 베트남 동(vnd)으로 바꾸어 준비하면 좋습
  니다.

- 서점에서는 책, 사전, 지도, 신문 등을 구입할 수 있습
  니다.

제 6 장

쇼핑

백화점	Siêu thị	씨에우 티
가게	Cửa hàng	끄어 항
잡화점	Cửa hàng tạp hóa	끄어 항 땁 화
상점	Hiệu buôn bán	히에 부온 반
꽃가게	Cửa hàng hoa	끄어 항 화
빵가게	Cửa hàng bánh	끄어 항 바잉
시장	Chợ	쩌
시장에 가다	Đi chợ	디 쩌
매점	Căng tin	깡 띤
값	Giá tiền	찌아 띠엔
가격	Giá cả	찌아 까
가격을 묻다	Hỏi giá	호이 찌아
가격을 올리다	Tăng giá	땅 찌아
가격을 내리다	Giảm giá/ hạ giá	찌암 찌아/ 하 찌아
고정가격	Giá cố định	찌아 꼬 띠잉
세일	Giảm giá	찌암 찌아
물건	Hàng hóa	항 화
물건을 사다	Mua hàng	무어 항
물건을 구입하다	Mua hàng	무어 항

물건을 교환하다	Đổi hàng	또이 항
원단	Vải	바이
옷	Áo	아오
반팔	Áo ngắn tay	아오 응안 따이
잠옷	Áo ngủ	아오 응우
속옷	Đồ lót, áo lót	도 롯, 아오 롯
내복	Áo quần mặc bên trong	아오 꾸언 막 벤 쫑
양복	Complê	꼼 레
비옷	Áo mưa	아오 므어
외투	Áo khoác	아오 쿠악
작업복	Áo quần lao động	아오 꾸언 라이 동
우산	Ô, dù	오, 쯔우
바지	Quần	꾸언
청바지	Quần bò	꾸언 보
반바지	Quần xóc lỡ	꾸언 속 러
팬티	Quần lót	꾸언 롯
손수건	Khăn mùi xoa	칸 무이 소아
수건	Khăn mặt	칸 맛
기념품	Quà lưu niệm	꾸아 르우 니엠
선물	Quà	꾸아
특산물	Đặc sản	닥 산
신발	Dép	잽
운동화	Giày thể thao	찌아이 테 타오
축구화	Giày đá bóng	찌아이 다 봉
구두	Giày da	찌아이 찌아
양말	Tất	떳

스타킹	Tất da phụ nữ	떳 찌아 푸 느
모자	Mũ	무
향수	Nước hoa	느억 화
립스틱	Son	손
비누	Xà bông	사 봉
치약	Kem đánh răng	갬 다잉 라앙
칫솔	Bàn chải đánh răng	반 짜이 다잉 랑
담배	Thuốc lá	투억 라
라이타	Bật lửa ga	벗 르어 가
안경	Kính đeo mắt	낑 때오 맛
카메라	Máy ảnh	마이 아잉
필름	Phim chụp ảnh	핌 쭙 아잉
시계	Đồng hồ	동 호
테이프	Băng nhạc	방 느악
전자제품	Đồ điện tử	또 띠엔 드
가정용품	Đồ dùng trong gia đình	또 쭝 쫑 찌아 딩
공예품	Hàng mỹ nghệ	항 미 느에
도자기	Đồ gốm	도 그옴
CD	Đĩa CD	띠아 시 디
전구	Bóng điện	봉 띠엔
냉장고	Tủ lạnh	뚜 라잉
세탁기	Máy giặt	마이 찌앗
음료수	Nước giải khát	느억 찌아 캇
술	Rượu	르어우
맥주	Bia	비아
안주	Đồ nhắm	도 느암

반지	Nhẫn	느안
목걸이	Dây chuyền	쩌이 쭈엔
쇠	Sắt	삿
동	Đồng	동
금	Vàng	브앙
은	Bạc	박
색깔	Màu sắc	마우 삭
빨간색	Màu đỏ	마오 도
노란색	Màu vàng	마우 방
파란색	Màu xanh	마우 사잉
하얀색	Màu trắng	마우 짱
까만색	Màu đen	마우 땐
회색	Màu xám	마우 삼
자색	Màu tím	마우 띰
제품	Hàng hóa	항 화
국산품	Hàng nội	항 노이
외제품	Hàng ngoại	항 응와이
사다	Mua	무어
팔다	Bán	반
교환하다	Đổi	또이
질/질량	Chất lượng	쩟 르엉
수량	Số lượng	쏘 르엉
포장	Đóng gói	동 꼬이
배달	Giao hàng	찌아우 항
물건을 받다	Nhận hàng	느안 항
구경하다	Xem	쌤

1. 쇼핑하기 좋은 곳을 알려
주시겠어요?

쇼핑할 게 조금 있는데. 쇼핑하기 좋은 곳을 알려 주시겠어요?
Tôi muốn mua một số thứ, hãy giới thiệu cho tôi một chỗ có thể
mua sắm được.
또이 무언 무어 몯 소 트. 하이 찌어이 테우 쪼 또이 몯 쪼 꼬 테 무어
삼 드억

Ben Thanh 시장 한번 가 보세요. 물건이 많은 곳입니다.
Hãy đến chợ Bến Thành coi. Ở đó có nhiều hàng hóa lắm.
하이 덴 쩌 벤 타잉 꼬이. 어 또 고 느에우 항 화 람

여기서 얼마나 멉니까?
Cách đây xa không?
까그 떠이 싸 콩?

걸어 갈 수 있는 거리예요.
Có thể đi bộ được.
고 테 디 보 드억

자세한 위치 좀 알려 주시겠어요?
Hãy chỉ cho tôi vị trí thật cụ thể được không?
하이 찌 쪼 또이 비 찌 텃 꾸 테드억 콩?

그러죠. 이 길을 따라 10분 정도 곧장 가시면 됩니다.
Được thôi, anh cứ đi thẳng theo đường này 10 phút thì tới.
드억 토이, 아잉 끄 디 탕 태오 뜨엉 나이 므어이 풋 티 더이

실례지만, 카메라 파는 곳이 어디입니까?
Xin lỗi cho hỏi nhờ, chỗ nào bán máy ảnh?
신 로이, 쪼 호이 느어, 쪼 나오 반 마이 아잉?

2층으로 올라가십시오. 컴퓨터 파는 가게 옆에 있습니다.
Anh hãy lên tầng 2, gần chỗ cửa hàng bán máy tính.
아잉 하이 렌 덩 하이, 껀 쪼 끄어 항 반 마이 딩

감사합니다. 정말 큰 백화점이군요. 어디가 어딘지 모르겠습니다.
Cảm ơn, siêu thị này lớn quá, tôi không biết đâu là đâu cả.
깜언 옹, 씨에우 티 나이 런 꾸아, 또이 콩 비엣 더 우 라 더우 까.

그럴 겁니다. 이 지역에서 제일 큰 백화점이니까요.
Đúng vậy, đây là siêu thị lớn nhất ở đây mà.
둥 버이, 떠이 라 씨에우 티 런 느앗 어 떠이 마.

아, 그렇습니까?
À, thì ra vậy ư?
아, 티 라 버이

도와 주셔서 고맙습니다.
Cảm ơn anh đã giúp tôi.
깜 언 아잉 따 지웁 또이.

———

그런 일이라면 언제든지 도와 드리죠.
Những việc như vậy thì bao giờ cũng giúp được.
느응 비엑 느 버이 티 바오 찌어 꿍 지웁 드억

싼 것이 있습니까?
Có loại nào rẻ hơn một chút không?
고 로아이 나 오 래 헌 몯 줃 콩?

있습니다. 보여 드릴께요.
Có, tôi sẽ cho anh xem.
고 또이 새 쪼 아잉 샘

좀 싸게 해주세요
Hãy bán rẻ cho tôi.
하이 반 래 쪼 또이

오천동 짜리도 있습니까?
Có loại nào 5 ngàn đồng không?
고 로아이 나우 남 응안 동 콩?

이천동을 깍아 드릴게요
Tôi sẽ giảm cho anh 2 ngàn đồng
또이 새 찌암 쪼 아잉 하이 응안 동

4. 포장해 주시겠어요?

목걸이 좀 보여 주시겠습니까?
Có thể cho tôi xem dây chuyền được không?
고 테 쪼 도이 샘 쩌이 쭈엔 드억 콩?

그러죠, 이것은 어떻습니까?
Vâng, cái này thế nào?
브엉, 까이 나이 테 나오?

괜찮은데요. 얼마죠?
Được đấy, giá bao nhiêu?
드억 떠이, 찌아 바우 느에우?

세일해서 20만동 입니다.
Giảm giá rồi là 200 ngàn đồng.
찌암 찌아 로이 라 하이 짬 응안 동

좋아요. 사겠어요. 선물용으로 포장 해주세요.
Được, tôi sẽ mua. Hãy gói cho tôi để làm quà.
드억 또이 새 무어. 하이 꼬이 쪼 또이 데 람 꾸아

선물할 거니까 예쁘게 포장해주세요.
Tôi làm quà, hãy gói lại thật đẹp cho tôi.
또이 람 꾸아, 하이 꼬이 라이 텃 댑 쪼 또이

5. 너무 비싸요

이 시계 얼마입니까?
Cái đồng hồ này bao nhiêu tiền?
까이 동 호 나이 바오 느에우 띠엔?

10만동 입니다.
Một trăm ngàn đồng.
몯 짬 응안 동

너무 비싸요. 할인 해 주시겠습니까?
Đắt quá, có thể giảm giá cho được không?
땃 꾸아, 고 테 찌암 찌아 쪼 드억 콩?

5% 할인 해 드릴게요. 현금으로 하시겠어요, 카드로 하시
겠어요?
Tôi sẽ giảm cho anh 5%. Anh sẽ trả bằng tiền hay bằng thẻ?
또이 새 찌암 쪼 아잉 남 펀 짬. 아잉 쌔 찌아 방 띠엔 하이 바앙 태?

현금으로 하겠습니다.
Tôi sẽ trả bằng tiền mặt.
또이 새 찌아 방 띠엔 맏

6. 구경하고 있어요

무엇을 도와드릴까요?
Tôi có thể giúp gì được anh?
또이 고 테 지웁 쓰이 드억 아잉·

구경 하고 있습니다.
Tôi đang xem xem.
또이 당 샘 샘

네, 만약 도움이 필요하시면 찾아주세요. 저는 Bắc 입니다.
Vâng, nếu cần giúp đỡ hãy gọi tôi, tôi là Bắc
브엉, 느에우 껀 지웁 떠 하이 꼬이 또이, 또이 라 박

그러지요.
Vâng.
브엉

저는 이게 좋아 보이는군요.
Theo tôi thì cái này trông được đấy.
태오 또이 티 까이 느아이 쫑 드억 떠이

안목이 있으십니다. 최고품이죠.
Ông(bà) có con mắt nhìn đấy. Cái này là tốt nhất đấy.
옹(바) 고 꼰 맛 느인 떠이. 까이 느아이 라 돌 느앗 떠이.

입어 봐도 될까요?
Mặc thử có được không?
막 트 고 드억 콩?

물론입니다.
Được chứ/ Đương nhiên.
드억 쯔/ 뜨엉 느엔

탈의실이 어디 있죠?
Chỗ thay quần áo ở đâu?
쪼 타이 꾸언 아오 어 떠우?

저쪽 거울 뒤에 있습니다.
Phía sau cái gương đằng kia.
피아 싸우 까이 끄엉 당 기아

시계를 사고 싶은데요. 이것을 좀 보여 주세요?
Tôi muốn mua đồng hồ. Xin lỗi, tôi có thể xem cái này được không?
또이 무언 무어 동 호. 씬 로이, 또이 고 테 샘 까이 나이 드억 콩?

예, 그렇게 하시죠. 보세요
Vâng, mời ông xem.
브엉, 머이 옹 샘.

마음에 드는데요. 얼마입니까?
Tôi rất hài lòng. Bao nhiêu vậy?
또이 럿 하이 롱, 바우 느에우 버이?

30만동 입니다.
300 ngàn đồng.
바 짬 느안 동.

너무 비싸요. 할인 좀 해 주실래요?
Đắt quá, giảm bớt giá cho tôi một chút đi.
땃 꾸아, 지암 벗 찌아 쪼 또이 몯 줏 디

얼마나 생각하십니까?
Anh nghĩ khoảng bao nhiêu tiền?
아잉 응이 코왕 바오 느에우 디엔?

25만 동 이요.
250 ngàn đồng.
하이 짬 남 므어이 응안 동

안됩니다. 이것은 매우 유명한 모델입니다. 27만동은 어떻습니까?
Không được, đây là loại rất nổi tiếng. 270 ngàn đồng, thế nào?
콩 드억, 떠이 라 로아이 럿 노이 띠엥. 하이 짬 바이 므어이 응안 동, 테 나오?

좋습니다. 그렇게 하지요.
Được, thì vậy đi.
뜨억, 티 버이 디

고맙습니다.
Cảm ơn ông (bà, cô).
깜 언 옹 (바, 꼬)

9. 달러도 받으시나요?

전부 얼마지요?
Tất cả bao nhiêu?
덧 까 바오 느에우?

20만동입니다.
200 ngàn đồng.
하이 짬 응안 동

달러도 받으시나요?
Có nhận tiền đô chứ?
고 느안 띠엔 도 쯔?

그럼요. 여권 좀 보여주시겠습니까?
Có chứ, cho tôi mượn hộ chiếu.
고 쯔, 쪼 또이 무언 호 지에우

여기 있습니다.
Có đây.
고 떠이

현금입니까, 신용 카드입니까?
Anh trả bằng tiền mặt hay là bằng trả thẻ tín dụng?
아잉 짜 바응 띠엔 맛 하이 라 짜 바응 태 딘 찌웅?

현금이에요. 여기 있어요.
Tiền mặt. Tôi thối tiền này.
디엔 맛. 또이 토이 띠엔 나이.

네. 거스름돈 여기 있습니다.
Vâng, tôi trả tiền lại cho anh đây.
브엉, 또이 짜 띠엔 라이 쪼 아잉 떠이

이 계산서를 다시 한 번 체크해 주시겠어요?
Anh kiểm tra lại phiếu tính tiền này giùm cho tôi.
아잉 끼엠 짜 라이 피에우 딩 띠엔 나이 찌움 쪼 또이

뭐가 잘못되었습니까?
Có gì sai không ạ?
고 쯔이 사이 콩 아?

네. 거스름돈을 덜 주신 것 같은데요.
Vâng, hình như anh thối thiếu tiền.
브엉, 히잉 느 아잉 토이 티에우 띠엔

94

무엇을 도와드릴까요?
Tôi có thể giúp gì được anh?
또이 고 테 지웁 쯔이 드억 아잉?

이것을 바꾸고 싶은데요.
Tôi muốn đổi cái này.
또이 무언 또이 까이 나이.

무슨 일입니까?
Nó bị gì vậy/ có chuyện gì vậy?
노 비 쯔이 버이/ 고 쭈엔 쯔이 버이?

어제 이것을 샀는데 집에서 해보니 작동을 하지 않아요.
Hôm qua tôi mua cái này, nhưng về tới nhà xem thì nó không chạy được.
홈 꾸아 또이 무어 까이 나이, 느응 베 떠이 느아 티 노 콩 짜이 드억

영수증 좀 볼까요?
Cho tôi xem hóa đơn.
쪼 또이 샘 화 던

여기 있습니다. 실례지만, 환불받을 수 있을까요?
Có đây, xin lỗi tôi có thể lấy lại tiền được không?
고 떠이, 씬 로이 또이 고 테 러이 라이 띠엔 드억 콩?

죄송합니다. 환불 안됩니다. 다른 것으로 바꿔 드리겠습니
다.
Xin lỗi. Không thể trả lại tiền được. Tôi sẽ đổi cho anh (chị) cái
khác.
씬 로이. 콩 테 짜 라이 띠엔 드억. 또이 새 또이 쪼 아잉 (찌) 까이 칵.

알겠습니다. 그렇게 하겠습니다.
Tôi biết rồi. Cho tôi cái khác vậy.
또이 비엣 로이. 쪼 또이 까이 칵 버이.

이런 물건이 있나요?
Có loại hàng này không ạ?
고 로아이 항 나이 콩 아?

미안합니다. 지금 재고가 없는데요.
Xin lỗi, giờ không còn hàng tồn kho.
씬 로이, 찌이 콩 곤 항 돈 코

그래요? 언제 살수 있을까요?
Vậy ư, bao giờ thì mua được?
버이 으, 바오 찌어 티 무어 뜨억?

이번 금요일까지 준비될 겁니다.
Vâng, sẽ có trước thứ sáu tuần này.
브엉, 새 고 쯔억 트 사우 뚜언 나이

쇼
핑

13. 마음에 안 들어요.

이것은 어때요?
Cái này thế nào ạ?
까이 나이 테 나오?

마음에 안 드는데요, 다른 것으로 보여 주시겠습니까?
Không vừa ý, hãy đổi sang cái khác cho tôi.
콩 브어 이, 하이 또이 상 까이 칵 쪼 또이

이것은 괜찮으시지요?
Cái này được chứ ạ?
까이 나이 드억 쯔 아?

좋아요. 감사합니다.
Tốt rồi, cảm ơn ông (bà).
똗 로이, 깜 언 옹(바)

14. 좀 도와주세요

무엇을 도와드릴까요?
Tôi có thể giúp gì được ông (bà)?
또이 고 테 지웁 쯔이드억 옹 (바)

제 여자 친구에게 줄 선물을 찾고 있습니다.
Tôi muốn tìm quà cho bạn gái tôi.
또이 무언 띰 꾸아 쪼 반 까이 또이.

어떤 종류를 찾으시죠?
Anh tìm loại nào?
아잉 띰 로아이 느오?

글쎄요. 당신이 좀 도와주세요.
Xem nào, anh giúp tôi đi.
샘 나오, 아잉 지웁 또이 디.

거스름돈을 잘못 주셨어요.
Anh trả tiền thối thiếu rồi.
아잉 짜 띠엔 토이 티에우 로이.

미화를 사용할 수 있습니까?
Đô la Mỹ có dùng được không?
돌라 미 고 찌웅 쯔억 콩?

여기는 카드를 받지 않습니다.
Ở đây không nhận thẻ.
어 떠이 콩 느언 태.

더 필요한 것은 없습니까?
Anh có cần gì thêm không?
아잉 고 껀 쯔이 템 콩?

내 예산 밖이에요.
Ngoài số tiền tôi có/ Ngoài khả năng mua của tôi.
응와이 쏘 띠엔 또이 고/ 응와이 카 낭 무어 꾸어 또이

다른 스타일로 보여주시겠습니까?
Anh cho tôi xem kiểu khác coi.
하이 쪼 또이 샘 끼에우 칵 꼬이

이것보다 한 치수 큰 것이 있습니까?
Có cái nào lớn hơn cái này một cỡ không?
고 까이 나오 런 헌 까이 나이 못 꺼 콩?

잘 어울립니다.
Rất hợp với anh đấy.
럿 헙 버이 아잉 떠이.

너무 헐렁합니다.
Nó rộng quá.
노 롱 꾸아

이것은 면세입니까?
Hàng này là hàng miễn thuế hả?
항 나이 라 항 미엔 투에 하?

언제까지 영업합니까?
Anh bán đến mấy giờ?
아잉 반 뗀 마이 찌어?

천천히 둘러보세요.
Anh cứ từ từ xem.
아잉 끄 드 드 셈

어떤 종류를 찾으세요?
Anh tìm loại nào?
아잉 띰 롸이 나우?

도움이 필요하신가요?
Anh có cần giúp gì không?
아잉 또 껀 지웁 쯔이 콩?

가장 잘 팔리는 물건입니다.
Đây là hàng bán chạy nhất.
떠이 라 항 반 짜이 느엇.

같은 색으로 약간 큰 것이 없습니까?
Có loại nào lớn hơn cùng màu không?
고 까이 나오 런 헌 꿍 마우 콩?

입어보겠습니다.
Tôi sẽ mặc thử xem.
또이 새 막 트 샘

나에게 딱 맞는군요.
Nó vừa vặn với tôi.
노 브어 반 버이 또이

식사할 때 :

- 베트남에서도 젓가락, 숟가락을 씁니다. 음식이 한국처럼 맵지는 않습니다. 베트남 전통음식(Hue음식, 궁중음식), 뷔페식 등이 있습니다. 베트남 음식은 향초를 넣어 특이한 냄새가 나는 경우가 종종 있으니 싫어하는 분은 미리 종업원에게 알려 주면 됩니다.
- 베트남 남자들은 각종 다양한 술 중에서 맥주를 가장 좋아합니다. 따라서, 점심식사를 할 때 간단히 맥주를 마셔도 그다지 큰 문제가 되진 않습니다. 맥주 및 각종 술은 첨잔을 합니다.
- 베트남 사람들은 상대방을 좋아할 때만 자기집으로 초대해서 식사를 대접합니다. 가정집을 방문할 때는 과일 등 약간의 선물을 준비해가는 것이 좋습니다.
- 베트남에는 한국식당이 많이 있습니다.
- 한국식당은 Nha hang Han Quoc (느아 항 한 구억) 이라고 합니다.

제 7 장

식당

식당	Nhà hàng	느아 항
식당에 가다	Đi nhà hàng	디 느아항
레스토랑	Nhà hàng	느아 항
술집	Quán rượu/quầy bar	꾸안 르어우/ 꾸어이 바
아침식사	Cơm sáng	껌 쌍
점심식사	Cơm trưa	껌 쯔어
저녁식사	Cơm tối	껌 또이
저녁식사를 하다	Ăn cơm tối	안 껌 또이
후식	Tráng miệng	짱 미엥
주식	Món ăn chính	몬 안 찌잉
음식	Món ăn	몬 안
메뉴	Thực đơn	특 떤
밥	Cơm	껌
국	Canh	까잉
쌀	Gạo	까우
기름	Dầu ăn	쩌우 안
소금	Muối	무어이
설탕	Đường	뜨엉

고추	Ớt	엇
간장	Nước mắm	느억 맘
빵	Bánh	바잉
라면	Mỳ gói	미 꼬이
고기	Thịt	틷
소고기	Thịt bò	틷 보
돼지고기	Thịt heo	틷 해오
개고기	Thịt chó	틷 쪼
닭고기	Thịt gà	틷 꼬아
생선	Cá	까
바다생선	Cá biển	까 비엔
회	Món gỏi	몬 꼬이
생선회	Gỏi cá	꼬이 까
계란	Trứng	쯔엉
야채	Rau	라우
토마토	Cà chua	까 쭈어
고구마	Khoai	콰이
감자	Khoai tây	콰이 떠이
양파	Hành tây	하잉 떠이
마늘	Tỏi	또이
두부	Đậu phụ	떠우 푸
녹두	Đậu xanh	떠우 사잉
땅콩	Lạc	락
과일	Hoa quả	화 꾸아
포도	Nho	느오
사과	Táo	따오
배	Lê	레

감자	Hồng	홍
수박	Dưa hấu	즈어 허우
바나나	Chuối	쭈오이
오렌지	Cam	깜
소주	Rượu trắng	르어우 짱
술	Rượu	르어우
양주	Rượu ngoại	르어우 응아이
약주	Rượu thuốc	러우 투억
맥주	Bia	비아
안주	Đồ nhắm	도 느암
주스	Nước ngọt	느억 응옷
콜라	Côla	코라
우유	Sữa	쓰어
커피	Cà phê	까 페
잔	Ly/ chén	리/짼
그릇	Bát đĩa	박/ 띠아
젓가락	Đũa	뚜어
숟가락	Thìa	티아
전기밥솥	Nồi cơm điện	노이 껌 띠엔
주전자	Ấm điện	엄 띠엔
가스레인지	Bếp ga	벱 까
불고기	Thịt nướng	틷 느엉
삼계탕	Gà hầm sâm	까 험 썸
반찬	Thức ăn	특 안
영양	Dinh dưỡng	지잉 즈엉
전통음식	Món ăn truyền thống	몬 안 쭈엔 통

양식	Món tây/món Âu	몬 떠이/ 몬 어우
한식	Món ăn Hàn Quốc	몬 안 한 꾸억
맛 있다	Ngon	응온
맛 없다	Không ngon	콩 응온
먹어보다	Ăn thử	안 트
맵다	Cay	까이
짜다	Mặn	만
달다	Ngọt	응옽
쓰다	Đắng	땅
싱겁다	Nhạt	느앗
요리사	Đầu bếp	떠우 뱁
주방장	Bếp trưởng	뱁 쯔엉
식사접대하다	Mời cơm	머이 껌

$$\boxed{\text{1. 예약하고 싶은데요.}}$$

한국식당 입니다.
Nhà hàng Hàn Quốc xin nghe.
느아 항 한 꾸억 신 응애

예, 오늘 저녁 7시에 2사람 예약하고 싶은데요.
Vâng, tôi muốn đặt chỗ cho hai người tối nay lúc 7 giờ.
브엉, 또이 무언 닫 쪼 조 하이 느어이 또이 나이 룩 바이 지어.

두 분이요. 이름이 어떻게 됩니까?
Hai người à, xin cho biết họ tên?
하이 응어이 아, 씬 조 비엣 호 덴?

예, 김재철입니다.
Vâng, tôi là Kim Che Chol
벙, 또이 라 김 재 철

고맙습니다. 준비해 놓겠습니다.
Cám ơn, tôi sẽ chuẩn bị.
깜 언, 또이 새 쭈언 비

주문하시겠습니까?
Anh đã gọi món ăn chưa?
아잉 따 꼬이 몬 안 쯔어?

뭘 주문해야 할지 모르겠어요. 특별한 요리 있습니까?
Không biết nên gọi món nào? Ở đây có món gì đặc biệt không?
콩 비엣 넨 꼬이 몬 나오? 어 더이 고 몬 즈이 다그 비엣 콩?

불고기는 어떠세요?
Thịt nướng nhé?
틷 느엉 느애?

네, 좋아요.
Vâng, tốt thôi.
벙 돋 토이

불고기 몇 인분 드릴까요?
Thịt nướng ăn mấy suất ạ?
틷 느엉 안 머이 수엇 아?

우선 삼인 분 주세요.
Cho tôi ba suất trước đã.
쪼 또이 바 쑤엇 쯔억 따.

식
당

109

3. 메뉴 좀 보여 주세요.

주문하셨습니까?
Anh gọi món ăn chưa?
아잉 꼬이 몬 안 쯔어?

아뇨, 메뉴 좀 보여 주세요.
Chưa, hãy cho tôi xem thực đơn.
쯔어, 하이 쪼 또이 샘 특 떤

기다리게 해서 죄송합니다. 메뉴 여기 있습니다.
Xin lỗi để (các) ông đợi, có thực đơn đây ạ.
씬 로이 데 (각)옹 더이, 꼬 특 떤 따이 아.

메뉴 보고 결정할테니 잠시 기다려 주세요.
Chúng tôi xem thực đơn rồi sẽ quyết định, chờ chúng tôi một chút.
쭝 또이 샘 특 떤 로이 새 구엣 딩, 쩌 쭝 또이 몯 줏

알겠습니다. 천천히 하십시오.
Vâng, tôi hiểu rồi, ông cứ từ từ gọi.
브엉, 또이 하에우, 옹 끄 드 드 꼬이

주문하시겠습니까?
Anh gọi món ăn chưa?
아잉 꼬이 몬 안 쯔어?

아직요, 이 집에는 뭘 잘 합니까?
Chưa, nhà hàng này có món gì ngon?
쯔어, 느아 항 나이 꼬 몬 쯔이 응온?

저희집 음식은 다 맛있습니다.
Nhà hàng chúng tôi món gì cũng ngon cả.
느아 항 쭝 또이 몬 쯔이 꿍 응온 까.

베트남 음식에 대해서 잘 몰라서 그러는데, 소개 좀 해주
세요.
**Chúng tôi không biết về món ăn Việt Nam lắm, anh hãy giới
thiệu cho tôi coi.**
쭝 또이 콩 비엣 베 몬 안 베트남 람, 아잉 하이 찌어 티에우 쪼 또이 고
이

좋아요. 그걸 먹어 보죠.
Tốt lắm, ăn thử cái đó xem sao.
똗 람, 안 트 까이 또 샘 사오.

식
당

111

5. 이건 제가 주문한 것이 아닙니다.

웨이터, 뭔가 혼돈한 것 같군요.
Này anh, hình như anh nhầm thì phải.
나이,아잉, 힝 느 아잉 느엄 티 파이.

무슨 말씀이세요?
Anh nói gì ạ?
아잉 노이 쯔이야?

이건 제가 주문한 것이 아닙니다
Món này không phải là món tôi gọi.
몬 나이 콩 파이 라 몬 또이 꼬이

저런, 제가 실수했습니다. 정말 죄송합니다.
Ấy, tôi nhầm rồi, thật là xin lỗi anh
어이, 또이 느엄, 텃 라 씬 로이 아잉

괜찮아요, 그럴 수도 있죠.
Không sao mà, có thể nhầm mà.
콩 사우 마, 고 테 느엄 마.

잠시만 기다려 주십시요. 손님께서 주문하신 것으로 바로 갖다 드리겠습니다.
Hãy đợi cho một lát, tôi sẽ đưa cái anh gọi ra ngay.
하이 더이 쪼 몯 랏, 또이 새 뜨어 까이 아잉 꼬이 라 응아이

6. 가져가실 건가요?

햄버거와 콜라 작은 것으로 주세요.
Hãy cho tôi một cái bánh hamburger và một chai côla nhỏ.
하이 쪼 또이 몯 가이 바잉 햄버커 바 몯 자이 콜라 느오.

주문 다 하셨습니까?
Anh còn gọi gì nữa không?
아잉 꼰 꼬이 쯔이 느어 콩?

네, 그게 다입니다.
Vâng, chỉ vậy thôi.
브엉, 찌 버이 토이.

여기서 드실건가요, 아니면 가지고 가실건가요?
Anh (chị) sẽ ăn ở đây hay là mang đi?
아잉(찌) 새 안 어 떠이 하이 라 망 디?

가지고 갈 겁니다.
Tôi sẽ mang đi.
또이 새 망 디

7. 식당이 괜찮네요

이 집(식당) 괜찮은데, 가격도 저렴하고 말이야.
Nhà hàng này cũng được, giá cũng rẻ nữa.
느아 항 나이 꿍 드억, 지아 꿍 래 느어.

그래, 다양한 전통요리도 있지.
Đúng vậy, có nhiều món ăn truyền thống.
둥 버이, 고 느이에우 몬 안 쭈엔 통.

훌륭해, 맛있는 베트남 쌀 국수를 먹을 수 있겠군.
Tuyệt lắm, tôi sẽ ăn món phở Việt Nam xem.
뚜엣 람, 또이 새 안 몬 퍼 비엣 남 샘

이곳에 머무는 동안 이 고장을 대표하는 특별한 음식을 먹
어보고 싶군요.

Trong thời gian ở đây, tôi muốn ăn món đặc sản của địa phương này?

쫑 터이 찌안 어 떠이, 또이 무언 안 몬 안 몬 다윽 산 꾸어 띠어 프엉
나이.

좋은 생각입니다.

Một ý kiến hay đấy.

몯 이 끼엔 하이 떠이.

어디에 가면 적당한 가격으로 이 고장 향토 음식을 먹어 볼
수 있을까요?

**Đi đâu thì có thể ăn được các món ăn đặc thù của địa phương này
với giá vừa phải?**

디 더우 티 고 테 안 드억 각 몬 안 닥 투 꾸어 띠어 프엉 나이 버이 찌
아 버어 파이?

저는 잘 모르겠는데요. 만약 좋은 곳을 아시면 제게 알려
주세요.

**Tôi cũng không biết nữa. Nếu có nơi nào hay như vậy anh phải
bảo cho tôi biết nhé.**

또이 꿍 콩 비엣 느어. 네우 고 너이 나오 하이 느 버이 아잉 파이 바오
쪼 또이 비엣 느애.

115

이곳은 해변 도시니까, 싱싱한 해물 요릿집이 있을 것 같
은데요.
Khu vực này gần bãi biển, có lẽ có nhà hàng hải sản tươi đấy.
쿠 븍 나이 껀 바이 비엔, 고 래 꼬 느아 항 하이 산 뜨어이 떠이.

맞아요. 있을 거예요.
Đúng vậy, chắc là sẽ có.
둥 버이, 짝 라 새 고

9. 뷔페 식당 괜찮으세요?

어떤 요리를 원하세요? 한식, 중식, 베트남음식?
Anh thích ăn món nào, món ăn Hàn Quốc, món ăn Trung Quốc
hay Việt Nam.
아잉 틱 몬 안 나오? 모안 한 꾸억, 중 꾸억 하이 비엣 남?

베트남에 왔으니까 베트남 음식을 먹어보고 싶어요.
Đã đến Việt Nam thì chúng ta ăn món ăn Việt Nam vậy.
따 덴 비엣 남 티 중 따 안 몬 베엣 남 버이

알겠습니다. 베트남 음식을 아주 잘하는 뷔페 식당이 있는
데, 뷔페 식당 괜찮으시죠?
Tôi biết rồi, có một cửa hàng món ăn Việt Nam rất ngon, nhà
hàng tự chọn cũng được chứ?
또이 비엣 로이, 고 못 끄어 항 몬 안 비엣 남 럿 응온, 느아 항 뜨 쫀 궁
드억 쯔?

네, 좋습니다
Vâng, tốt thôi.
벙, 똣 토이.

주문하시겠습니까?
Ông (bà) dùng gì ạ?
옹(바) 찌웅 쯔이 아?

햄버거와 콜라 큰 것으로 하나씩 주세요.
Cho tôi một cái hamburger và một chai côla loại lớn.
쪼 또이 몯 가이 햄버거 바 몯 자이 콜라 로아이 런.

샐러드를 드시겠습니까?
Ông có dùng món salad không?
옹 고 찌웅 몬 사 랏 콩?

예, 큰 것으로 먹겠습니다.
Vâng, cho tôi loại lớn.
벙, 쪼 또이 로아ㅇ 런.

더 필요한 것이 없습니까?
Anh có cần cái gì thêm không?
아잉 고 건 까이 쯔이템 콩?

이 인분 더 주세요.
Cho thêm hai suất nữa.
쪼 템 하이 수엇 느어.

아니오, 됐습니다.
Không, vậy là đủ rồi.
콩, 버이 라 두 로이.

11. 이 근처에 베트남 음식점이 있습니까?

이 근처에 베트남 음식점이 있습니까?
Ở gần đây có quán ăn Việt Nam nào không?
어 껀 떠이 고 구안 안 베엣 남 나오 콩?

모르겠는데요.
Tôi cũng không biết.
또이 꿍 콩 비엣.

베트남 음식을 먹고 싶은데 어떻게 하면 되지요?
Tôi thèm ăn món ăn Việt Nam quá, làm thế nào đây?
또이 탬 안 모안 비엣 남 구아, 란 테 나오 떠이?

밖에 나가서 찾아보세요.
Thử ra ngoài tìm xem.
트 라 응와이 딤 샘.

베트남 쌀 국수를 드신적이 없죠
Anh chưa ăn phở Việt Nam đúng không?
아잉 쯔어 안 퍼 비엣 남 둥 콩?

기회가 없어서 아직 못 먹었어요, 저도 한번 먹어보고 싶어요.
Vì chưa có cơ hội nên chưa ăn, tôi cũng muốn ăn thử một lần coi sao.
비 쯔어 꼬 꺼 호이 넨 쯔어 안, 또이 꿍 무언 안 트 못 런 꼬이 사오.

식당

계산서 갖다주세요.
Hãy mang hoá đơn lại cho tôi.
하이 망 화 던 라이 쪼 또이.

각각 따로 드릴까요?
Tôi làm riêng cho từng người ư?
또이 람 리엥 쪼 등 응어이 으?

아니오, 한 장으로 주세요.
Không, lấy chung một tờ.
콩, 러이 쭝 몯 더.

내가 낼게
Tôi sẽ trả.
또이 새 쯔아.

아니야, 내가 낼게, 내가 낼 차례야.
Không, tôi sẽ trả, lần này đến lượt tôi mà.
콩, 또이 새 짜, 런 나이 덴 르엇 또이

13. 술집에서

여기 앉아도 됩니까?
Ngồi đây có được không?
응오이 떠이 고 드억 콩?

예. 무엇을 마시겠습니까?
Vâng, anh uống gì?
벙, 아잉 우엉 찌?

어떤 맥주가 있습니까?
Có loại bia nào?
고 로아이 비어 나오?

하이네캔, 타이거와 바바바가 있습니다.
Có Heineken, tiger và 333.
고 해내갠, 다이거 바 바바바

바바바 두 병 주세요.
Cho hai chai 333.
쪼 하이 짜이 바바바

14. 오늘의 특별요리는 뭐죠?

주문하시겠습니까?
Anh gọi món ăn chứ?
아잉 꼬이 몬 안 쯔?

오늘의 특별요리가 뭐죠?
Hôm nay có món gì đặc biệt?
홈 나이 고 몬 쯔이 다그 비엣?

갈비가 있습니다.
Có món sườn nướng.
몬 쓰언 느엉.

좋아요, 그것으로 먹겠습니다.
Được, tôi sẽ ăn món đó vậy.
드억, 또이 새 안 몬 또 버이.

세 사람이 식사할 자리가 있습니까?
Có chỗ cho ba người không?
고 쪼 조 바 응어이 콩?

창가쪽 자리가 있습니까?
Có chỗ cạnh cửa sổ không?
고 쪼 가잉 끄어 소 콩?

제가 주문한 것이 아닌데요.
Cái này không phải món tôi gọi.
까이 콩 파이 몬 또이 꼬이.

잘못 가져온 것 같습니다.
Hình như anh mang nhầm đến.
힝 느 아잉 만 느엄 덴.

계산서를 주시겠습니까?
Anh mang hóa đơn lại cho tôi được không?
아잉 망 화 던 라이 쪼 또이 드억 콩?

여기서 음식을 가져갈 수 있습니까?
Ở đây có gọi đưa thức ăn đến được không?
어 떠이 고 꼬이 드어 특 안 덴 드억 콩?

식
당

예약하지 않았는데, 빈자리가 있습니까?
Tôi chưa đặt chỗ, không biết là còn chỗ trống không?
또이 쯔어 닫 쪼, 콩 비엣 라 곤 쪼 쫑 콩?

___

지금 주문할 수 있습니까?
Bây giờ tôi gọi món ăn có được không?
버이 찌어 또이 꼬이 몬 안 고 드억 콩?

___

각자 부담합시다.
Chúng ta ai trả tiền phần người đó.
쭝 따 아이 찌아 디엔 펀 응어이 도.

___

마실 것은 제가 내죠.
Tôi sẽ trả tiền đồ uống.
또이 새 찌아 디엔 도 우엉.

___

우리차례가 아직 안 됐습니다.
Chưa đến lượt chúng tôi.
쯔어 덴 르엇 쭝 또이.

___

저녁식사로 어떤 음식을 드시겠습니까?
Buổi tối nên ăn món nào nhỉ?
부오이 또이 넨 안 몬 느아 느이?

___

여기 담배 피워도 됩니까?
Hút thuốc ở đây có được không?
훗 투억 어 떠이 고 드억 콩?

여기서는 어떤 요리를 잘합니까?
Ở đây có món gì ngon?
어 떠이 고 몬 쯔이 응온?

뭘 좀 추천해 주시겠습니까?
Anh có thể giới thiệu cho tôi được không?
아잉 고 테 찌억 티에우 쪼 또이 드억 콩?

너무 덜익었습니다.
Còn sống quá.
꼰 송 구아.

약간 더 익혀 주세요.
Cho chín thêm một chút nữa.
쪼 찐 템 몯 줏 느어.

각자 냅시다.
Ai trả phần nấy nha.
아이 쯔아 펀 너이 느아.

유의사항 :

- 성수기에 베트남 입국 시 호텔이 거의 만원이라 반드
시 미리 예약을 해야 합니다.
- 특급 호텔의 숙박료는 비싼 편입니다. 큰 호텔 주변에
미니호텔, 여관, 모텔 등이 많이 있으나, 숙박료가 저
렴한 대신 시설이 그다지 좋은 편은 아닙니다.
- 호텔에서는 대부분의 서비스가 가능합니다.

호텔

호텔	Khách sạn	칵 산
체크인	Nhận phòng	느언 퐁
체크아웃	Trả phòng	쯔아 퐁
리셉션	Quầy tiếp tân	꾸어이 디엡 던
카운터	Quầy tiếp tân	꾸어이 디엡 던
룸	Phòng	퐁
룸넘버	Số phòng	소 퐁
층	Tầng	떵
열쇠/키	Chìa khóa	찌어 코아
침대	Tấm đệm	떰 뎀
시트	Ra trải giường	라 찌아 찌엉
욕조	Bồn tắm	본 담
에어컨	Máy lạnh	마잉 라잉
수건	Khăn mặt	칸 맛
싱글룸	Phòng đơn	퐁 던
더블룸	Phòng đôi	퐁 퐁 또이
방을 예약하다	Đặt phòng	닫 퐁
예약을 취소하다	Huỷ đặt chỗ	휘 닫 쪼

청소하다	Dọn vệ sinh	쫀 베 싱
소지품	Đồ dùng	또 찌웅
짐	Hành lý	하잉 리
서비스	Phục vụ	푹 부
방 가격	Giá phòng	지아 퐁
하루	Một ngày	묻 응아이
머물다	Trú ngụ	쭈 응우
묵다	Trú ngụ/ở	쭈 응우/ 어
바	Quầy bar	구어이 바
계산하다	Tính tiền	딩 디엔
현금으로 지급	Trả bằng tiền mặt	짜 방 디엔 맏

1. 예약하기

무엇을 도와드릴까요?
Tôi có thể giúp gì được anh?
또이 고 테 지웁 쯔이 드억 아잉?

실례지만, 빈방 있습니까? 예약하려고 하는데요.
Xin lỗi, tôi hỏi có phòng trống không, tôi muốn đặt chỗ.
신 로이, 또이 호이 고 퐁 쫑 콩, 또이 무언 닫 쪼.

어떤 방을 원하십니까?
Ông (bà) muốn loại phòng nào?
옹(바) 무언 로아이 퐁 느오?

싱글룸을 주세요. 하루에 얼마입니까?
Cho tôi phòng đơn, mỗi ngày bao nhiêu?
쪼 또이 풍 던, 모이 응아이 바우 느에우?

60달러입니다. 아침은 포함됩니다.
60 đô la một ngày, bao gồm cả bữa sáng.
사우 머어이 도 라 몯 응아이, 바오 곰 까 브어 상

세금은 포함되어 있습니까?
Gồm cả thuế chưa?
꼼 가 투에 쯔어?

호
텔
숙
박

아니오, 얼마나 머무르실 겁니까?
Chưa có, ông (bà) dự định ở bao nhiêu ngày?
쯔어 고, 옹 (바) 쯔 띵 어 바오 느이에 응아이?

___

4일이요, 제가 방을 봐도 괜찮을까요?
4 ngày, cho tôi xem phòng được không?
본 응아이, 쪼 또이 샘 퐁 코 드억 콩?

___

물론이죠, 이쪽으로 오세요.
Đương nhiên rồi, ông đi theo hướng này.
드엉 느엔 로이, 옹 디 태오 흐엉 나이.

___

아마라 호텔입니다. 도와드릴까요?
Đây là khách sạn Amara, tôi có thể giúp gì được ạ?
떠이 라 칵 산 아마라, 또이 고 테 지웁 쯔이 드억 아?

___

예약을 하려고 합니다.
Tôi muốn đặt chỗ.
또이 무언 닫 쪼.

___

언제 입니까?
Bao giờ ạ?
바오 찌어 아?

___

다음달 20일과 21일 입니다.
Tháng sau, ngày 20 và 21.
탕 사우, 응아이 하이므어 바 하이 몯

죄송하지만 다음달에는 모두 예약이 완료 되었습니다.
Xin lỗi, tháng sau chúng tôi không còn chỗ.
씬 로이, 탕 사우 쭝 또이 콩 곤 쪼.

다른 곳 소개해 주시겠어요?
Vậy anh có thể giới thiệu cho tôi chỗ khác được không?
버이 아잉 고 테 찌어 티에우 쪼 또이 쪼 칵 드억 콩?

제가 전화번호와 주소를 알려드릴 테니까 한번 전화해 보
세요.
Tôi cho anh số điện thoại và địa chỉ, anh thử điện thoại đến đó
xem nhé.
또이 조 아잉 쏘 띠엔 토아이 바 띠어 지, 아잉 트 디엔 토아이 덴 도 샘
사오.

감사합니다.
Cảm ơn anh.
깜 언 아잉

체크인을 하고 싶은데요.

Tôi muốn nhận phòng.

또이 무언 느언 퐁.

예약을 하셨습니까?

Anh đã đặt trước chưa?

아잉 다 닫 쯔억 쯔어?

네. 베트남에서 온 Binh 입니다. 여기 예약 번호가 있습니
다.

Có, tôi là Bình từ Việt Nam đến. Có số đặt phòng của tôi đây.

꼬, 또이 라 비잉 뜨 베엣 남 덴, 고 소 닷 퐁 꾸어 또이 떠이.

잠깐만 기다려 주십시오. 아, 여기 있군요. Binh 선생님,
1인실 방을 2주일간 예약하셨지요?

**Hãy chờ cho một chút. À, có đây rồi. Ông Bình, có phải phòng 1
người hai tuần không?**

하이 찌어 쪼 몯 줃. 아, 떠이 로이, 옹 비잉, 고 파이 퐁 몯 응어이 하
이 뚜언 콩?

맞습니다.

Đúng rồi.

둥 로이

저희 호텔에 모시게 되어 반갑습니다. 이 숙박 신고서를 기
재해 주시겠습니까?
Rất hân hạnh đã đến khách sạn chúng tôi. Xin ông điền vào tờ
khai cư trú.
런 헌하잉 따 덴 칵 산 쭝 또이, 신 머이 옹 디엔 바오 더 카이 그 쭈.

3. 빈 방 있습니까?

오늘 밤에 묵을 방이 필요한데 빈방 있습니까?
Tôi cần phòng trú đêm nay, còn phòng trống không vậy?
또이 껀 퐁 쭈 뎀 나이, 꼰 퐁 쫑 콩 버이?

네, 어떤 방을 원하십니까?
Có, vậy ông (bà) muốn phòng nào ạ?
고, 버이 옹 (바) 무언 퐁 나오 아?

1인실 방이 필요한데요.
Tôi cần phòng 1 người.
또인 건 퐁 몯 응어이.

오늘 밤만입니까 더 묵으실 겁니까?
Ông chỉ ở đêm nay hay ở thêm nữa?
옹 찌어 뎀 나이 하이 어 템 느어?

오늘 밤만이요.
Chỉ đêm nay thôi.
찌어 뎀 나이 토이.

네, 숙박 요금은 세금을 포함해서 80달러가 되겠습니다.
Vâng, tiền trọ và thuế cộng lại là 80 USD ạ.
브엉, 디엔 쪼 바 투에 꽁 라이 라 땀 무어이 도 라 아.

4. 체크인하기 전에 방을 봐도 될까요?

내 방이 몇 층에 있지요?
Phòng của tôi tầng mấy vậy?
퐁 꾸어 또이 어 떵 머이 버이?

10층에 있습니다.
Ở tầng mười.
어 떵 므어이.

체크인하기 전에 방을 봐도 될까요?
Trước khi vào phòng, cho tôi xem phòng trước được không?
쯔억 키 바오 퐁, 쪼 또이 샘 퐁 쯔억 드억 콩?

물론입니다. 보시고 싶다면, 사람을 시켜서 안내해드리도록 하겠습니다.
Đương nhiên rồi. Nếu anh muốn xem sẽ cử người hướng dẫn cho anh.
뜨엉 느엔 로이. 네우 아잉 무언 샘 새 끄 응어이 흐엉 쩐 쪼 아잉

감사합니다. 제 짐을 좀 봐 주시겠어요?
Cảm ơn, có thể xem giùm tôi hành lý một chút được không?
깜 언, 고 테 샘 찌움 또이 하잉 리 몯 찌웃 고 드억 콩?

네, 이 쪽에 두세요.
Vâng, hãy để sang phía bên này.
브엉, 하이 데 상 피아 벤 나이.

호텔숙박

여보세요. 여기 813호실입니다.
A lô, đây là phòng 813.
아로, 떠이 라 퐁 담 므어이 바

무엇을 도와드릴까요?
Tôi có thể giúp gì được anh?
또이 고 테 지웁 쯔이 드억 아잉?

모닝콜 부탁합니다.
Tôi muốn nhờ đánh thức tôi dậy lúc sáng sớm.
또이 무언 느어 특 또이 저이 룩 상 썸.

몇 시에 해드릴까요?
Thưa mấy giờ ạ?
트어 머이 찌어 아?

내일 아침 5시에요.
5 giờ sáng mai.
남 찌어 상 마이.

알겠습니다.
Vâng, tôi sẽ gọi.
브엉, 또이 새 꼬이

호텔 예약 없이 이곳에 막 도착했는데 방을 구할 수 있을까요?

Tôi chẳng đặt trước khách sạn mà vừa đến, không biết là có tìm được phòng không?

또이 콩 닫 쯔억 카잉 산 마 브어 덴, 콩 비엣 라 고 딤 드억 퐁 콩?

네, 있습니다.

Được chứ.

드억 쯔.

1인실 방 숙박료는 얼마입니까?

Tiền phòng một người là bao nhiêu?

띠엔 퐁 몯 응어이 라 바오 느에우?

1인용 객실은 1박에 50만동입니다.

Phòng một người một đêm là 500 ngàn đồng.

퐁 몯 응어이 몯 뎀 라 남 짬 응안 동.

그건 너무 비싼 것 같군요. 그보다 좀 저렴한 방은 없나요?

Đắt quá, có phòng nào rẻ hơn không?

닫 구아, 고 퐁 나오 래 헌 콩?

40만동짜리가 있습니다. 원하시면 해 드릴게요.

Có phòng loại 400 ngàn đồng đấy, nếu anh cần tôi sẽ phục vụ anh.

고 퐁 로아이 본 짬 응안 동 떠이, 네우 아잉 껀 또이 새 푹 부 아잉.

안녕하세요, 제 귀중품을 여기에 맡겨 둘 수 있을까요?
Xin chào, hàng quan trọng của tôi gửi đây có được không?
씬 자오, 항 관 종 꾸어 또이 끄이 어 떠이 고 드억 콩?

그러시죠.
Được ạ.
드억 아.

이 목걸이와 팔찌를 긴 채로 사람들 많은 곳을 돌아다니자
면 아무래도 신경이 쓰일 것 같아서요.
Mang dây chuyền và vòng tay nếu đi đến chỗ đông người dẫu sao
cũng phải để ý.
망 찌어 쭈엔 바 봉 따이 네우 디 덴 쪼 동 응어이 쩌우 사오 꿍 파이 데 이.

맞는 말씀입니다. 저희가 보관해 드리겠습니다.
Ông (bà) nói đúng lắm. Chúng tôi sẽ bảo quản hộ cho.
옹(바) 노이 둥 람. 쭝 또이 새 바오 관 호 쪼.

요금을 드려야 하나요?
Có phải trả tiền không ạ?
고 파이 짜 디엔 콩 아?

아닙니다. 고객들의 편의를 위한 서비스입니다.
Không, đây là phục vụ cho khác hàng thuận tiện mà.
콩, 떠이 라 푹 부 쪼 칵 항 투언 디엔 마

8. 제 방으로 사람을 보내 주시겠어요?

여보세요. 813호실인데요, 제 방으로 사람을 보내 주시겠
어요?
Alô, đây là phòng 813, có thể cho người lên phòng tôi được không?
아로, 떠이 라 퐁 담 므어이 바, 고 테 쪼 응어이 렌 퐁 또이 드억 콩?

무슨 일이신지요?
Nhưng có chuyện gì vậy?
느응 고 쭈엔 쯔이 버이?

전등이 고장 나서 불이 안 들어와요.
Bóng điện trong phòng hư rồi, điện không sáng.
봉 띠엔 쫑 퐁 흐 로이, 디엔 콩 상

한번 껐다가 켜보세요
Ông (bà) thử tắt rồi bật lại xem.
옹(바) 트 닫 로이 벗 라이 샘.

그렇게 해봤지만 안 돼요.
Đã làm rồi nhưng không được.
따 람 로이 느응 콩 드억.

알겠습니다. 바로 사람을 올려 보내겠습니다.
Chúng tôi đã rõ, sẽ cho người lên ngay ạ.
쭝 또이 다 로, 새 쪼 응어니 랜 응아이 아

호텔숙박

안녕하세요, 제게 무슨 연락 온 게 있습니까? 제 방은 813호
실 입니다.
Xin chào, có ai liên lạc với tôi không, tôi ở phòng 813.
씬 자오, 고 아이 리엔 락 버이 또이 콩, 또이 어 퐁 담 므어이 바.

잠깐만 기다리세요. 알아보겠습니다. 네, 김선생이 라는 분
한테서 전화가 왔었습니다.
**Ông (bà) chờ một chút. Tôi tìm xem, à có người tên Kim gọi điện
đến đấy.**
옹(바) 쩌 몯 줃. 또이 딤 샘, 아 고 응어이 덴 김 꼬이 띠엔 덴 떠이.

뭐라고 하던가요?
Anh ta nói gì vậy?
아잉 따 노이 찌이 버이?

선생님이 오면 전화해 달라고 하셨습니다.
Ông ta nói là ông về thì gọi điện cho ông ấy.
옹 다 노이 라 베 티 꼬이 띠엔 쪼 옹 어이.

그 밖에 다른 것은 없었나요?
Còn nội dung gì nữa không?
꼰 노이 찌웅 쯔이 느어 콩?

없었습니다. 그게 전부입니다.
Không có, tất cả chỉ có vậy.
콩, 덛 까 찌 고 버이

140

여보세요. 객실 담당입니다. 뭘 도와 드릴까요?
Alô, bộ phận phụ trách phòng nghe, tôi có thể giúp gì được ông (bà).
아로, 보 펀 푸 짜기 퐁 응애, 또이 고 테 지웁 쯔이 드억 옹(바)

제 방에서 아침 식사를 시켜 먹을 수 있을까요?
Tôi có thể gọi bữa ăn sáng lên phòng được không?
또이 고 테 꼬이 브어 안 쌍 렌 퐁 드억 콩?

물론입니다. 뭘 주문하시겠습니까?
Đương nhiên rồi, ông gọi món gì ạ?
뜨엉 느엔 로이, 옹 꼬이 몬 찌아?

쌀국수나 라면 같은 간단한 것이 있습니까?
Có món ăn gì đơn giản như phở hoặc mỳ không?
고 몬 안 쯔이 떤 찌안 느퍼 확 미 콩?

있습니다. 잠시 후에 올려 보내 드리겠습니다.
Có, một lát nữa tôi sẽ đưa lên cho ông (bà).
고, 몯 랏 느어 또이 새 뜨어 렌 쪼 옹 (바).

빨리 좀 부탁합니다. 배가 고픕니다.
Anh mang lên nhanh nhé, tôi đói bụng lắm rồi.
아잉 망 렌 느아잉 느애, 또이 도이 붕 람 로이.

호텔숙박

141

여기서 세탁도 해주나요?
Ở đây có giặt quần áo không?
어 떠이 고 지앗 꾸언 아오 콩?

네, 해 드립니다.
Có, có phục vụ.
고 고 푹 부.

세탁할 게 조금 있는데 어떻게 하면 됩니까?
Tôi có ít đồ muốn giặt, làm thế nào nhỉ?
또이 고 잇 또 꺼 지앗, 람 테 나오 느이?

저희 호텔에서 자체 세탁 시설이 있습니다. 사람을 보내서
세탁물을 가져오도록 하겠습니다.
Trong khách sạn chúng tôi có phòng giặt, chúng tôi sẽ cho người
lên lấy đồ.
쫑 칵 산 쭝 또이 고 퐁 찌앗, 쭝 또이 새 쪼 응어이 렌 러이 도.

언제 찾을 수 있나요?
Bao giờ thì xong?
바오 찌어 티 송.

늦어도 오늘 오후까지는 해 드리겠습니다.
Muộn lắm chiều nay sẽ xong.
무언 람 찌에우 나이 새 송.

142

12. 열쇠를 방안에 둔 채로 방문이 잠겨 버렸어요.

문제가 생겼어요. 도와 주세요.
Có chuyện rồi, giúp tôi với.
고 쭈엔 로이, 지웁 또이 버이.

네. 왜 그러십니까?
Vâng, có chuyện gì vậy?
브엉, 꼬 쭈엔 쯔이 버이?

열쇠를 방안에 둔 채로 방문이 잠겨 버렸어요.
Tôi để chìa khóa trong phòng và đóng cửa lại mất rồi.
또이 데 지어 콰 쫑 퐁 바 똥 끄어 라이 멋 로이.

염려하지 마십시오. 여기 마스터 키가 있으니까요.
Ông (bà) đừng lo. Có chìa khóa chung ở đây.
옹(바)등 로. 고 찌어 코아 쭝 어 떠이.

이제 안심이 되는군요. 귀찮게 해서 미안합니다.
Bây giờ tôi yên tâm rồi. Xin lỗi đã làm phiền các anh.
버이 찌어 또이 옌 덤 로이. 씬 로이 따 람 피엔 각 아잉.

괜찮습니다. 흔히 있는 일인 걸요.
Không có gì, chuyện này cũng xấy ra thường xuyên mà.
콩 고 지, 쭈엔 나이 꿍 사이 람 트엉 쑤엔 마.

룸서비스입니까?

Có phải bộ phận phục vụ phòng không?

고 파이 보 펀 푹 부 퐁 콩?

예. 무슨 일입니까?

Vâng, có chuyện gì không ạ?

브엉, 고 쭈엔 쯔이 콩 아?

여기는 602호실인데 에어컨에 문제가 있는 것 같아요.

Đây là phòng 602, máy lạnh hình như có vấn đề.

떠이 라 퐁 사오 콩 하이, 마이 라잉 히잉 느 고 번 데.

무슨 문제입니까?

Có vấn đề gì ạ?

고 번 떼 쯔이 야?

저도 모르겠어요. 돌아가지 않는 것 같아요. 방이 너무 더워요.

Tôi cũng không rõ, hình như máy không chạy, trong phòng nóng quá.

또이 꿍 콩 로, 힝이 마이 콩 짜이, 쫑 퐁 농 구아.

———

잠시 기다려 주실래요? 곧 사람을 보내겠습니다.
Ông đợi cho một chút. Sẽ cho người lên ngay.
옹 떠이 쪼 몯 쭛, 새 쪼 응어이 렌 응아이.

———

빨리 좀 부탁해요.
Nhanh lên hộ nhé.
느아잉 렌 호 느애

프론트 안내입니다. 무엇을 도와 드릴까요?
Tiếp tân đây, có thể giúp gì được ông (bà) ạ?
디엡 떤 떠이, 고 테 지웁 쯔이 쪼 옹(바) 아?

707호실인데요. 오늘 제 방 청소를 한 건지 안한 건지 모르겠군요.
Đây là phòng 707. Tôi không biết là hôm nay đã dọn phòng cho tôi chưa?
떠이 라 퐁 바이 래 바이, 도이 콩 비엣 라 홈 나이 다 쫀 퐁 쪼 또이 쯔어?

오늘 아침에 했는데요.
Đã làm sáng nay rồi mà.
따 람 상 나이 로이 마.

하지만 방이 청소된 것 같지 않아요.
Nhưng phòng như chưa dọn vậy.
느응 퐁 느 쯔어 쫀 버이.

그렇다면 뭔가 잘못이 있었던 것 같습니다. 대단히 죄송합니다.
Nếu vậy thì chắc là có nhầm lẫn, rất xin lỗi ông (bà).
네우 버이 티 짝 라 고 느언 란, 럿 씬 로이 옹 (바)

룸 메이드를 올려 보내서 침대 좀 정리해 주세요.
Anh cứ người làm phòng lên dọn lại giường cho tôi đi.
아잉 끄 응어이 람 퐁 렌 찌온 라이 찌엉 쪼 또이 디.

146

15. 프론트 메시지 확인

제게 온 메시지 있습니까?
Có ai nhắn gì tôi không?
고 아이 느안 쯔이 또이 콩?

예. 김선생님이라는 분에게서 전화 왔었습니다.
Vâng, có ông Kim điện thoại đến.
브엉, 고 옹 김 디엔 토아이 덴.

그가 뭐라고 합니까?
Ông ta nói gì?
옹 다 노이 찌?

바로 전화달라고 했습니다.
Ông ta nói là ông điện thoại cho ông ấy ngay.
옹 다 노이 라 옹 띠엔 토아이 쪼 옹 어이 응아이

고맙습니다.
Cảm ơn anh (cô).
깜 언 아잉(고)

16. 사람을 좀 찾아 주실 수 있을까요?

실례합니다. 사람을 좀 찾아 주실 수 있을까요?

Xin lỗi, có thể tìm người giúp tôi được không?

씬로이, 고 테 딩 응어이 지웁 또이 드억 콩?

네. 누구를 찾으십니까?

Vâng, ông tìm ai?

브엉, 옹 딩 아이?

로비에서 친구를 만나기로 했는데 찾을 수가 없군요.

Tôi hẹn gặp bạn tại tiền sảnh, nhưng tìm mãi không thấy.

또이 핸 그압 반 다이 디엔 사잉, 느응 딩 마이 콩 터이.

알겠습니다. 방송을 해 드리죠. 친구분 성함이 어떻게 됩니까?

Tôi biết rồi. Tôi sẽ thông báo lên loa. Tên của bạn ông là gì?

또이 비엣 로이, 또이 새 통 바오 렌 롸. 뗀 꾸어 반 옹 라 찌?

한국에서 온 김대중입니다.

Anh ta từ Hàn Quốc tới, tên là Kim Dea Chung.

아잉 따 드 한 꾸억 떠이, 뗀 라 김 대 중

알겠습니다. 좀 기다려주세요.

Tôi biết rồi, anh chờ một chút nhé.

또이 비엣 로이, 아잉 쩌 몯 줏 느애.

체크 아웃 시간이 몇 시까지죠?

Thời gian rời phòng (check out) là mấy giờ vậy?

터이 지안 러이 퐁 (제크 아우) 라 머이 찌어 버이?

12시입니다.

12 giờ.

므어이 하이 찌어.

내일 아침에 호텔을 떠납니다.

Sáng mai tôi sẽ rời khách sạn.

상 마이 또이 새 러이 칵 산

그러십니까? 성함과 객실 번호가 어떻게 되시죠?

Vậy ư? Họ tên và số phòng của ông là bao nhiêu?

버이 으? 호 뗀 바 소 퐁 꾸어 옹 라 바우 느에우?

---

813 호실 레 안 저우 입니다. 계산서를 작성해 두세요

Phòng 813, Lê An Châu, làm cho tôi hóa đơn luôn.

퐁 담 므어이가 바, 레 안 쩌우, 람 쪼 또이 호아 던 로언.

알겠습니다. 계산서입니다.

Tôi biết rồi, hóa đơn đây ạ.

또이 비엣 로이, 화 던 떠이 아.

이 요금은 무엇입니까?

Tiền này là tiền gì?

띠엔 나이 라 띠엔 찌?

—

그것은 냉장고에서 드신 음료입니다.

Đó là tiền thức uống trong tủ lạnh.

또 라 띠엔 특 우엉 쫑 뚜 라잉.

—

알겠습니다. 신용카드 받습니까?

Được rồi, ở đây có nhận thẻ không?

드억 로이, 어 떠이 고 느안 태 콩?

—

예, 받습니다.

Vâng có.

브엉 고.

신용카드 받습니까?
Có nhận thẻ/ thanh toán bằng thẻ không?
고 느안 태/ 타잉 또안 방 태 콩?

어느 분의 이름으로 예약되어 있습니까?
Đặt trước bằng tên gì ạ?
닽 쯔억 바앙 덴 쯔이 아?

방을 좀 바꿔 주시겠습니까?
Có thể đổi phòng cho tôi được không?
고 테 또이 퐁 쪼 또이 드억 콩?

예약하셨습니까?
Đã đặt chỗ chưa?
다 닽 쪼 쯔어?

이 양식을 기재해 주십시오.
Anh hãy điền vào mẫu này.
아잉 하이 띠엔 바오 머우 나이.

룸 서비스는 몇 번으로 돌려야 합니까?
Gọi dịch vụ phòng phải quay số bao nhiêu?
· 꼬이 직 부 퐁 파이 구아이 소 바오 느에우?

체크아웃을 하려고 합니다. 계산서를 작성해 주시겠습니
까?
**Tôi muốn trả phòng/ check out. Anh làm hóa đơn cho tôi được
không?**
또이 무언 짜 퐁/ 제그 아우. 아잉 람 화 던 쪼 뙤 고 드억 콩?

머무르시는 동안 즐거우시기를 바랍니다.
Mong ông (bà) vui vẻ trong thời gian trú ở đây.
몽 옹(바) 부이 배 쫑 터이 찌안 쭈 어 떠이.

사람을 바로 보내드리겠습니다
Tôi sẽ cử người lên ngay.
또이 새 끄 응어이 렌 응아이.

더운 물이 안 나옵니다.
Không có nước nóng.
콩 고 느억 농.

열쇠를 안에 놓고 문이 잠겼습니다.
Tôi để chìa khóa trong phòng (và đóng lại rồi).
또이 데 지어 코아 쫑 퐁 (바 똥 라이 로이)

욕실물이 빠지지 않습니다.
Nước phòng tắm không rút.
느억 퐁 담 콩 룻

짐을 들어줄 사람을 보내주세요
Hãy cho tôi một người xách hành lý.
하이 쪼 또이 몯 응어이 사익 하잉 리.

세탁할 것이 있습니다.
Tôi có đồ muốn giặt.
또이 고 또 무언 찌앗.

그것들을 다림질 해 주세요.
Hãy là những thứ đó cho tôi luôn.
하이 라 느응 트 도 쪼 또이 루언

유의사항 :

- 베트남인의 주요 교통수단은 오토바이입니다. 그러나, 외국인의 경우는 택시를 타는 게 좋습니다. Tan Son Nhat공항에서 호치민 시내까지는 택시비가 60000- 80000동 정도이며, Noi bai공항에서 하노이 시내까지 는 150,000-200,000동 정도 듭니다.

- 멀리 이동할 시에는 가격흥정 가능합니다. 최근에는 버스도 많이 개선되었지만, 외국인한테는 여러모로 불 편한 점이 많을 것입니다. 택시는 여러 회사가 있지만 Vinataxi, Vivasuntaxi, Mailinhtaxi등이 좋습니다. 베 트남은 교통상황이 좋은 편이 아니라서 시내에서는 평 균적으로 시속 20km, 시외에서는 시속 50-60km 정도 입니다.

- 출, 퇴근 시간에는 자가용, 택시, 오토바이 등의 통행 량이 많으니 가급적 이 시간을 피해 이동하면 좋습니 다.

- 도로를 건널 시 급하게 뛰어가면 오히려 위험하오니 신호등이 파란색으로 바뀐 다음 횡단보도로 안전하게 이동하는 것이 좋습니다. 오토바이는 항시 복잡하오니 손으로 주의 신호를 해가며 양보를 구하면 좋습니다.

- 베트남에는 영어를 할 수 있는 사람이 많지 않지만, 젊 은 사람들의 경우 영어의사소통이 가능합니다.

- 운전기사를 포함하는 렌트카를 이용할 수 있습니다. 일일 계산 또는 이동거리에 따라 계산합니다.

제 9장

교통

택시	Taxi	닥 시
배	Tàu thủy	따우 튀
기차	Tàu hỏa	따우 화
전철	Tàu điện	따우 디엔
터미널	Bến xe	벤 새
기차역	Bến tàu	벤 다오
교통표지판	Bảng chỉ dẫn	방 지 찌언
일방통행	Đường một chiều	뜨엉 몯 지에우
주차금지	Cấm đỗ xe	껌 또 새
사거리	Ngã tư	응아 뜨
삼거리	Ngã ba	응아 바
고속도로	Đường cao tốc	뜨엉 가오 독
가다	Đi	디
돌아가다	Trở về	쩌 베
길을 잃다	Lạc đường	락 뜨엉
길을 묻다	Hỏi đường	호이 뜨엉
길이 막히다	Tắc đường	닥 뜨엉
약도	Sơ đồ đi	서 또 디

이 위치	Địa điểm này	띠어 띠엠 나이
택시	Taxi	닥 시
배	Tàu thủy	따우 튀
기차	Tàu hỏa	따우 화
전철	Tàu điện	따우 디엔
터미널	Bến xe	벤 새
기차역	Bến tàu	벤 다오
교통표지판	Bảng chỉ dẫn	방 지 찌언
일방통행	Đường một chiều	뜨엉 몯 지에우
주차금지	Cấm đỗ xe	껌 또 새
사거리	Ngã tư	응아 뜨
삼거리	Ngã ba	응아 바
고속도로	Đường cao tốc	뜨엉 가오 독
가다	Đi	디
돌아가다	Trở về	쩌 베
길을 잃다	Lạc đường	락 뜨엉
길을 묻다	Hỏi đường	호이 뜨엉
길이 막히다	Tắc đường	닥 뜨엉
약도	Sơ đồ đi	서 또 디
이 위치	Địa điểm này	띠어 띠엠 나이
택시	Taxi	닥 시
배	Tàu thủy	따우 튀
기차	Tàu hỏa	따우 화

전철	Tàu điện	따우 디엔
터미널	Bến xe	벤 새
기차역	Bến tàu	벤 다오
교통표지판	Bảng chỉ dẫn	방 지 찌언
일방통행	Đường một chiều	뜨엉 몯 지에우
주차금지	Cấm đỗ xe	껌 또 새
사거리	Ngã tư	응아 뜨
삼거리	Ngã ba	응아 바
고속도로	Đường cao tốc	뜨엉 가오 독
가다	Đi	디
돌아가다	Trở về	쩌 베
길을 잃다	Lạc đường	락 뜨엉
길을 묻다	Hỏi đường	호이 뜨엉
길이 막히다	Tắc đường	닥 뜨엉
약도	Sơ đồ đi	서 또 디
이 위치	Địa điểm này	띠어 띠엠 나이

실례합니다. 표는 어디에서 살 수 있습니까?
Xin lỗi, tôi có thể mua vé ở đâu?
씬 로이, 또이 고 테 무어 배 어 떠우?

저쪽에서 사실 수 있습니다.
Anh có thể mua ở đằng kia.
아잉 고 테 무어 땅 끼아.

지금 Da Nang 가는 차 있습니까?
Bây giờ có chuyến đi Đà Nẵng không?
버이 찌어 고 쭈엔 디 다 낭 콩?

지금은 없지만 오후 4시차가 있습니다.
Bây giờ thì không, nhưng có chuyến 4 giờ chiều.
버이 찌어 티 콩, 고 쭈엔 본 찌어 찌에우.

제가 전화로 예매 했습니다.
Tôi đã đặt vé bằng điện thoại.
또이 다 닫 배 방 띠엔 토아이.

표 두 장 주세요.
Hãy cho tôi hai vé.
하이 쪼 또이 하이 배.

창문 옆자리로 주세요.
Cho tôi ghế cạnh cửa sổ.
쪼 또이 그에 가잉 끄어 소

얼마입니까?
Giá bao nhiêu vậy?
찌아 바우 느에우 버이?

5만동 입니다.
50 ngàn đồng.
남 므어이 응안 동

저는 표를 반환하고 싶어요.
Tôi muốn trả vé.
또이 무언 짜 배

교
통

Anh đi đâu vậy?
아잉 디 더우 버이?

한국 대사관으로 가 주세요.
Hãy đi đến Đại Sứ Quán Hàn Quốc.
하이 디 덴 다이 쓰 관 한 꾸억

알겠습니다.
Vâng.
브엉

서둘러 주세요.
Anh đi nhanh cho tôi.
아잉 디 느아잉 쪼 또이

예.
Vâng.
브엉

3. 그다지 멀지 않습니다.

어디로 가십니까?
Ông (bà) đi đâu ạ?
옹(바) 디 더우 아?

New world 호텔로 가죠.
Cho tôi về khách sạn New world.
쪼 또이 베 칵 산 니에우 워드

네.
Vâng.
브엉.

여기서 멀어요?
Có xa đây không?
고 싸 떠이 콩?

그다지 멀지 않습니다. 20분 정도 걸립니다.
Không xa lắm, mất khoảng 20 phút.
콩 사 람, 멋 코앙 하이 므어이 풋

4. 요금은 얼마입니까?

시내까지 요금은 얼마입니까?

Đi vào trong thành phố hết bao nhiêu tiền?

디 바오 쫑 타잉 포 헷 바오 느에우 디엔?

성인은 1000동 이고 12세 이하 어린이는 500동입니다.

Người lớn 1000 đồng, trẻ em dưới 12 tuổi thì 500 đồng.

응어이 런 몯 응안 동, 재 앰 즈어이 므어이하이 뚜오이 티 남 짬 동

어른표 두 장과 어린이표 한 장 주세요

Cho tôi hai vé người lớn và một vé trẻ em.

쪼 또이 하이 배 응어이 런 바 몯 배 째 앰.

모두 3천동 입니다.

Tất cả là 3000 đồng.

덧 까 라 바 응안 동

5. 잔돈은 가지세요.

다 왔습니다. 여기가 New world 호텔입니다.
Đến nơi rồi. Đây là khách sạn New wold.
덴 너이 로이. 떠이 라 칵 산 니에우 워드

이제야 안심이 되는군요. 회의에 늦는 줄 알았어요.
Bây giờ thì tôi yên tâm rồi. Tôi cứ tưởng là muộn họp.
버이 찌어 티 또이 이엔 덤 로이, 또이 끄 드엉 라 무언 홉.

제 시간에 닿아서 다행이군요.
Thật may là đến đúng giờ.
텃 마이 라 덴 둥 찌어

고맙습니다. 요금이 얼마입니까?
Cám ơn (ông) nhiều. Hết bao nhiêu tiền vậy?
깜 언 (옹)느이에우. 헷 바오 느이에우 디엔 버이?

50 000 동입니다.
50 000 đồng.
남 므어이 응안 동

여기 있습니다. 잔돈은 가지세요.
Vâng, có đây. Ông không phải thối lại tiền đâu.
브엉, 고 떠이, 옹 콩 파아 토이 라이 디엔 더우

하노이행 표는 남아 있습니까?
Con vé đi Hà Nội không vậy?
꼰 배 디 하노이 콩 버이?

예, 언제 가시려구요?
Vâng, bao giờ anh đi?
브엉, 바오 찌어 아잉 디?

오늘 오후요.
Chiều nay.
찌에우 나이

2시에 출발하는 편이 있습니다.
Có chuyến 2 giờ chiều đây.
고 쭈엔 하이 찌어 찌에우 떠이

그것으로 주세요.
Cho tôi chuyến đó vậy.
쪼 또이 쭈엔 또 버이.

어떤 좌석으로 하시겠습니까?
Ông muốn loại ghế nào?
옹 무언 로아이 그에 나오?

이등석으로 주세요.
Cho tôi ghế loại 2.
쪼 또이 그에 롸이 하이

7. 어디에서 갈아타야 하지요?

저 좀 도와 주실래요?

Anh giúp tôi một chút được không?

아잉 지웁 또이 몯 쭛 드억 콩?

네, 뭘 도와 드릴까요?

Vâng, tôi giúp gì đây?

브엉, 또이 지웁 쯔이 떠이?

시청에 가려면, 어디에서 갈아 타야 하지요?

Vào trung tâm thành phố thì phải chuyển tàu (xe) ở đâu?

바오 쭝 떰 타잉 포 티 파이 쭈옌 따오 (새) 어 떠우?

8. 어디에서 탈 수 있습니까?

실례합니다. 시청가는 버스를 어디에서 탈 수 있습니까?
Xin lỗi, vào trung tâm thành phố thì bắt xe buýt ở đâu vậy?
씬 로이, 바오 쭝 떰 타잉 포 티 밧 새 부잇 어 떠오?

버스정류장은 길 건너에 있습니다. 53번 버스를 타세요.
Bến xe buýt nằm ở bên kia đường, đi xe số 53 là được.
벤 새 부잇 남 어 벤 기어 뜨엉, 디 새 소 남 바 라 드억

9. 도착하면 알려주세요.

이 버스가 시청 갑니까?
Xe buýt này vào trung tâm thành phố đúng không?
새 부잇 나이 바오 중 떰 타잉 포 둥 콩?

예. 그렇습니다. 타세요.
Vâng đúng vậy, mời ông (bà) lên.
브엉, 둥 버이, 머이 옹(바) 렌.

도착했을 때 알려주시겠습니까?
Khi đến nơi có thể cho tôi biết được không?
키 덴 너이 고 테 쪼 또이 비엣 드억 콩?

네, 알려드릴게요.
Vâng, tôi sẽ báo.
브엉, 또이 새 바오

10. 차를 한 대 빌리고 싶습니다.

차를 한 대 빌리고 싶습니다.
Tôi muốn thuê một chiếc xe.
또이 무언 투에 못 지엑 새

네, 어떤 차를 원하세요?
Vâng, anh muốn loại xe nào?
벙, 아잉 무언 로아이 새 나오?

소형차를 원합니다.
Tôi muốn xe loại nhỏ.
또이 무언 새 로아이 느오

얼마 동안 쓰실 겁니까?
Ông dùng trong bao nhiêu ngày?
용 찌웅 쫑 바오 느에우 응아이?

3일 동안 쓸 겁니다. 하루에 요금이 얼마입니까?
Tôi dùng trong ba ngày, mỗi ngày bao nhiêu tiền?
또이 지웅 쫑 바 응아이, 모이 응아이 바오 느에우 띠엔?

하루에 50,000동입니다.
Mỗi ngày 50 ngàn đồng.
모이 응아이 남 므어이 응안 동

실례합니다. 이 근처에 공중전화가 있나요?
Xin lỗi, gần đây có điện thoại công cộng không?
씬 로이, 껀 떠이 고 디엔 토아이 공 공 콩?

예. 저 쪽에 있습니다.
Vâng, ở đằng kia kìa.
브엉, 어 당 끼어 기아.

고맙습니다.
Xin cảm ơn.
씬 깡 언

교
통

택시 한 대 불러 주세요.
Hãy gọi cho tôi một chiếc taxi.
하이 꼬이 쪼 또이 몯 지엑 닥시.

공항에 가요?
Anh đi sân bay à?
아잉 디 썬 바이 아?

공항에 갑시다
Hãy đi ra sân bay.
하이 디라 선 바이.

이 주소로 가 주세요.
Hãy đi đến địa chỉ này.
하이 디 뗀 띠어 찌 나이.

이 약도대로 가 주세요.
Hãy đi theo sơ đồ này cho tôi.
하이 디 태오 서 도 나이 쪼 또이.

시간이 없으니까 빨리 가 주세요.
Tôi không có thời gian, hãy chạy nhanh cho.
또이 콩 고 터이 찌안, 하이 자이 느아잉 쪼 .

차 세워주세요.
Hãy dừng xe.
하이 쯩 새

오른쪽에 있습니다.
Ở phía bên phải.
어 피어 번 파이.

화장실이 어디죠?
Nhà vệ sinh ở đâu?
느아 베 싱 어 더우?

여기가 처음이라 모르겠습니다.
Tôi cũng đến đây lần đầu nên không biết.
또이 꿍 덴 떠이 런 더우 넨 콩 비엣.

다른 사람에게 물어보시죠.
Anh (chị) thử hỏi người khác xem.
아잉(찌) 호이 트 응어이 칵 샘.

요금이 얼마입니까?
Hết bao nhiêu tiền?
헷 바우 느에우 디엔

관광코스를 추천해 주시겠습니까?
Anh hãy giới thiệu cho một tua tham quan nào đó.
아잉 하이 찌어 티에 쪼 몯 두어 탐 관 나오 도.

어디서 표를 살 수 있습니까?
Vé mua ở đâu?
무어 배 어 떠우?

제 10 장

여행 - 관광

관광	Tham quan	탐 관
여행	Du lịch	쭈 릭
해외여행	Du lịch nước ngoài	쭈 릭 느억 응아이
관광비	Chi phí đi du lịch	찌피 쭈 릭
관광지도	Bản đồ du lịch	반 또 쭈 릭
관광코스	Tua du lịch	뚜어 쭈 릭
관광단지	Khu du lịch	쿠 쭈 릭
관광객을 유치하다	Thu hút khách du lịch	투 훗 칵 쭈 릭
외국인관광객	Khách du lịch nước ngoài	카익 쭈 릭 느억 응와이
관광객	Khách du lịch	카익 쭈 릭 느억
관광지	Nơi tham quan du lịch	너잉 탐 관 쭈 릭
관광명소	Danh lam thắng cảnh	짜잉 람 탕 가잉
관광안내소	Điểm hướng dẫn du lịch	디엠 흐엉 전 쭈 릭
관광도시	Thành phố du lịch	타잉 포 쭈 릭
왕궁	Cung vua	꿍 부어

동물원	Sở thú	써 투
공원	Công viên	꽁 비엔
전쟁박물관	Viện bảo tàng chiến tranh	비엔 바오 땅 찌엔 자잉
독립궁	Dinh Độc lập	찌잉 독 럽
시내관광	Tham quan nội thành	탐 관 노이 타잉
구치 터널	Địa đạo Củ Chi	띠어 다오 꾸지
바다	Biển	삐엔
해수욕장	Bãi tắm biển	빠이 땀 비엔
야경을 보다	Ngắm cảnh ban đêm	응암 가잉 반뎀

1. 이곳에 머무는 동안 관광을 하고 싶군요.

이곳에 머무는 동안 관광을 하고 싶군요.
Tôi muốn tham quan trong thời gian trú ở đây.
또이 무언 탐 관 쫑 터이 찌안 쭈 어 떠이.

가보고 싶은 곳이 있습니까?
Anh muốn đi chỗ nào?
아이 무언 디 쪼 나오?

가볼만한 곳들을 좀 알려 주세요?
Ở đây có chỗ nào đáng xem thì chỉ cho tôi biết với.
어 떠이 고 쪼 나오 당 샘 티 찌 쪼 또이 비엣 버이.

그러죠. 어디 봅시다. 독립국은 꼭 가보세요.
Được thôi, để tôi xem nào? Anh nên đi xem dinh Thống nhất.
드억 로이, 데 또이 샘 나오. 아잉 넨 디 샘 찌잉 통 느앗

독립궁이요? 그밖에 다른 곳은 없나요?
Dinh Độc lập ư? Còn chỗ nào khác không?
찌잉 독럽 으? 꼰 쪼 나오 칵 콩?

전쟁기념관도 가볼만한 곳입니다.
Anh cũng có thể đi xem Bảo tàng chiến tranh.
아잉 꿍 고 테 대 샘 바오 당 찌엔 자잉.

뭘 도와드릴까요?
Tôi có thể giúp gì được ông ạ?
또이 고 테 지웁 쯔이 드억 옹 아?

예. 관광지도 있습니까?
Vâng, có bản đồ du lịch không ạ?
브엉, 고 반 또 쭈 릭 콩?

예. 여기 있습니다.
Vâng, có đây ạ.
브엉, 고 떠이 아.

고맙습니다. 볼만한 곳을 알려 주시겠어요?
Cảm ơn. Anh có thể giới thiệu cho tôi chỗ nào tham quan được không?
깜 언, 아잉 고 테 지어이 티에우 쪼 또이 쪼 나오 탐 관 드억 콩?

예. Cu Chi 터널을 권하고 싶습니다.
Vâng, tôi muốn giới thiệu anh đến địa đạo Củ Chi.
브엉, 또이 무언 찌어 티에우 아잉 덴 디아 다오 꾸 찌

어떻게 갑니까?
Phải đi như thế nào nhỉ?
파이 디 느 테 나오?

택시를 타는 것이 좋을 겁니다.
Anh đi bằng xe taxi là tốt nhất.
아잉 디 방 닥시 라 돗 느엇

어떻게 갑니까?
Phải đi như thế nào nhỉ?

3. 여행 중이십니까?

여행 중이십니까?
Anh đi du lịch phải không ạ?
아잉 디 쭈 릭 파이 콩?

예, 그렇습니다.
Vâng, đúng vậy.
브엉, 둥 버이.

이 나라가 어떻습니까?
Đất nước này như thế nào?
덧 느억 나이 느 테 나오?

전 무척 마음에 듭니다. 사람들이 매우 친절하고 인정이 많아요.
Tôi rất hài lòng. Con người rất thân thiện và nhiều tình cảm.
또이 럿 하이 롱. 꼰 응어이 럿 턴 티엔 바 느에우 딩 감

4. 이 고장에는 어떤 관광 명소들이 있습니까?

이곳 볼일이 다 끝났어요. 이제 자유예요.
Công việc của tôi đã xong, giờ là thời gian tự do.
꽁 비엑 꾸어 또이 다 송, 찌어 라 터이 찌안 뜨 찌오.

그런데 남아 있는 날들을 어떻게 보낼 겁니까?
Vậy những ngày còn lại thì làm thế nào?
버이 느응 응아이 꼰 란 티 람 테 나오?

관광을 해야지요.
Phải đi tham quan xem.
파이 디 탐 관 샘

좋은 생각입니다.
Anh nghĩ hay đấy.
아잉 응이 하이 떠이.

이 고장에는 어떤 관광 명소들이 있습니까?
Ở nơi đây có những danh lam thắng cảnh du lịch nào?
어 떠이 고 느응 자잉 람 타앙 까잉 쭈 릭 나오?

이 고장은 경치가 아름답기로 유명합니다.
Khu vực này phong cảnh rất đẹp và nổi tiếng.
쿠 브억 나이 퐁 까잉 럿 댑 바 노이 디엥.

5. 사진 좀 찍어주세요.

실례합니다.
Xin lỗi.
씬 로이

여기서 사진 좀 찍어 주시겠어요?
Anh chụp cho tôi bô ảnh ở đây được không?
아잉 지웁 쪼 또이 보 아잉 어 떠이 드억 콩?

네, 찍어드리죠. 혼자 여행 중이십니까?
Vâng, tôi sẽ giúp anh (chị). Anh (chị) đi du lịch một mình phải không?
브엉, 또이 새 지웁 아잉(찌), 아잉(찌) 디 쭈 릭 몯 밍 파아 콩?

예. 저 혼자 여행 중입니다.
Vâng, tôi đi du lịch một mình.
브엉, 또이 디 쭈 릭 몯 밍.

실례합니다. 제가 길을 잃었습니다. 여기가 어디입니까?
Xin lỗi, tôi lạc đường rồi. Đây là đâu vậy?
신 로이, 또이 락 드억 로이. 떠이 라 더우 버이?

Hai Bà Trưng 도로 입니다.
Đây là đường Hai Bà Trưng.
떠이 라 뜨엉 하이 바 쯩

Le Loi 도로에 가는 길을 가르쳐 주시겠습니까?
Anh chỉ cho tôi đường đến đường Lê Lợi được không?
아잉 찌 쪼 또이 뜨엉 덴 뜨어 레 러이 드억 콩?

택시를 타면 몇 분 정도 걸립니까?
Đi taxi thì chừng bao nhiêu phút?
디 닥시 티 쯩 바오 느에우 풋?

10분정도 걸립니다
Khoảng 10 phút.
코앙 므어이 풋

감사합니다.
Cảm ơn ông (bà).
깜 언 옹(바)

실례합니다. 제가 여권을 잃어버렸습니다.
Xin lỗi, tôi đánh mất hộ chiếu rồi.
씬 로이, 또이 다잉 멋 호 제우 로이

베트남대사관에 연락을 해야 합니다.
Anh phải liên lạc với Đại Sứ quán Việt Nam đi.
아잉 파이 리엔 락 버이 따이 스 관 베트남 디

주소와 전화번호 좀 알아봐주시겠어요?
Anh tìm hộ tôi địa chỉ và số điện thoại được không?
아잉 딤 호 또이 띠어 지 바 소 띠엔 톼이 드억 콩

여기 있습니다. 한번 연락해 보세요.
Có đây, ông (bà) thử liên lạc xem.
고 떠이, 옹(바) 트 리엔 락 샘

감사합니다.
Cảm ơn ông (bà).
깜언 옹(바)

관
광

———

이 지도로 현재 위치를 가르쳐 주시겠습니까?
Xin hãy chỉ giùm vị trí hiện nay trên bản đồ này.
씬 하이 찌 지움 비 찌 현 나이 젠 반 또 나이.

———

표가 매진되었습니다.
Vé bán hết mất rồi.
배 반 헷 멋 로이

———

여기서 사진을 찍어도 됩니까?
Ở đây có chụp ảnh được không?
어 떠이 고 줍 아잉 드억 콩?

———

여권을 분실하였습니다. 재발급해 주세요.
Tôi mất hộ chiếu, xin hãy làm lại hộ chiếu cho tôi.
또이 멋 호 제우, 씬 하이 람 라이 호 제우 쪼 또이

———

안내서를 얻을 수 있습니까?
Cho tôi xin bảng hướng dẫn tham quan được không?
쪼 또이 씬 방 흐엉 쩐 탐 관 뜨억 콩?

———

몇 시에 폐관합니까?
Mấy giờ thì đóng cửa ạ?
머이 찌어 티 동 끄어?

제 11 장

병원 - 약국

병	Bệnh	베잉
감기	Cảm cúm	감꿈
기침	Ho	호
열	Sốt	솟
몸살	Mỏi mệt	모이 멧
머리 아프다	Đau đầu	따우 떠우
아프다	Đau	따우
현기증	Chóng mặt	쫑 맛
충치	Đau răng	따우 라앙
위장병	Bệnh dạ dày	베잉 짜 자이
설사	Đi ngoài	디 느와이
변비	Táo bón	따오 본
체하다	Đầy bụng	떠이 붕
심장병	Bệnh tim	베잉 딤
간염	Viêm gan	비엠 칸
마비	Bại liệt	바이 리엣
관절염	Bệnh khớp	베잉 컵
암	Ung thư	웅트

고혈압	Cao huyết áp	가오 후옛 압
결핵	Bệnh suyễn	베잉 수엔
불면증	Mất ngủ	멋 응우
성병	Bệnh về giới tính	베잉 베 지어 딩
피부염	Viêm da	비엠 찌아
비염	Viêm da	비엠 찌아
맹장	Ruột thừa	루엇 트어
매독	Giang mai	찌앙 마이
전염병	Bệnh truyền nhiễm	베잉 쭈엔 느엠
당뇨병	Bệnh đái đường	베잉 따이 뜨엉
간질	Bệnh động kinh	베잉 똥 깅
정신병	Bệnh thần kinh	베잉 턴 깅
임신	Có mang	고 망
화상을 입다	Bị phỏng	비 포옹
사고를 당하다	Bị tai nạn	비 따이 난
베이다	Bị đứt/cắt	비 뜨엇
체온	Nhiệt độ cơ thể	느엣 또 꺼 테
혈액형	Nhóm máu	느옴 마오
상처	Vết thương	벳 트엉
복용하다	Uống thuốc	우엉 투억
중병	Bệnh nặng	베잉 낭
병원	Bệnh viện	베잉 비엔
약국	Hiệu thuốc	헤우 투억
환자	Bệnh nhân	베잉 느안

약	Thuốc	투억
간호사	Y tá	이 따
의사	Bác sỹ	박 씨
진찰을 받다	Khám bệnh	캄 베잉
처방	Đơn thuốc	떤 투억
약물	Thuốc nước	투억 느억
알약	Thuốc viên	투억 비엔
불치병	Bệnh nan y	베잉 난 이
치료를 받다	Trị bệnh	지 베잉
주사	Tiêm	띠엠
수술	Phẫu thuật	퍼우 투엇
병이 낫다	Khỏi bệnh	코이 베잉
병에 걸리다	Mắc bệnh	막 베잉
감기약	Thuốc cảm	투억 감
해열제	Thuốc hạ nhiệt	투억 하 느엣
강심제	Thuốc trợ tim	투억 쩌 띰
두통약	Thuốc đau mắt	투억 따우 맛
변비약	Thuốc táo bón	투억 따오 본
설사약	Thuốc đi ngoài	투억 디 느와이
항생제	Thuốc kháng sinh	투억 캉 싱
진통제	Thuốc giảm đau	투억 찌암 따우
피임약	Thuốc tránh thai	투억 짜잉 타이
수면제	Thuốc ngủ	투억 느우
비타민	Vitamin	비다민

보약	Thuốc bổ	투억 보
위장약	Thuốc đau dạ dày	투억 따우 짜 짜이
소화제	Thuốc tiêu hóa	투억 띠에우 화
복용하다	Uống thuốc	우엉 투억
식전복용	Uống trước khi ăn	우렁 쯔억 키 안
식후복용	Uống sau khi ăn	우엉 싸우 키 안
복용방법	Cách uống thuốc	까그 우엉 투억
부작용	Tác dụng phụ	딱 찌웅 푸
하루한번	Mỗi ngày một lần	모이 응아이 몯 란
입원	Nhập viện	느업 비엔
퇴원	Xuất viện	수얻 비엔

1. 열이 납니다

어디가 아픕니까?
Anh (chị) đau ở đâu?
아잉 (찌) 따우 어 떠우?

지난 밤부터 계속 열이 납니다.
Tôi bị sốt từ tối hôm trước.
또이 비 숏 뜨 또이 홈 쯔억

어디 한 번 봅시다. 감기군요. 이 처방전을 가지고 약국에
가세요.
Để tôi xem coi. Anh bị cảm rồi. Anh cầm đơn thuốc này ra hiệu
thuốc.
떼 또이 샘. 아잉 비 깜 로이. 아잉 껌 떤 투억 나이 라 헤우 투억

고맙습니다.
Xin cảm ơn.
씬 깜 언

병원약국

2. 속이 거북해요.

식욕은 어떠신가요?
Ăn uống thế nào?
안 우엉 테 나오?

식사하면 바로 토해요.
Ăn xong là nôn liền ạ.
안 송 라 논 리엔 아

열도 있으신가요?
Có sốt không?
고 숏 콩?

아니요, 하지만 속이 거북해요.
Không, nhưng trong người thì khó chịu.
콩, 느응 쫑 느어이 코 찌우.

3. 어젯밤부터 그래요.

무슨 일입니까?
Có chuyện gì vậy?
고 쭈엔 쯔이 버이?

배가 아픈데요.
Tôi đau bụng.
또이 따우 붕

언제부터 그랬습니까?
Anh (chị) bị từ bao giờ?
아잉(찌) 비 뜨 바오 찌어?

어젯밤부터 그랬습니다.
Tôi bị từ tối hôm qua.
또이 비 뜨 또이 홈 과

어디가 아픈 지 보여 주시겠습니까?
Anh (chị) chỉ cho tôi xem đau chỗ nào?
아잉 (찌) 찌 쪼 또이 샘 따우 쪼 나오?

바로 여기에요.
Đau ở chỗ này.
따우 어 쪼 나이.

병원약국

단순한 소화불량입니다. 약을 드릴게요.
Chỉ là tiêu hóa không tốt thôi. Tôi sẽ lấy thuốc cho anh luôn.
찌 라 띠에우 화 콩 돋 토이, 또이 새 러이 투억 쪼 아잉

고맙습니다.
Xin cảm ơn.
씬 깜 언.

제 12장

날씨 - 시간

날씨	Thời tiết	터이 디엣
온도	Nhiệt độ	느엣 또
일기예보	Dự báo thời tiết	쯔 바오 터이 디엣
덥다	Nóng	농
춥다	Lạnh	라잉
시원하다	Mát mẻ	맏 매
시간	Thời gian	터이 찌안
초	Giây	쩌이
분	Phút	풋
시	Giờ	찌어
삼십분	Ba mươi phút	바 므어이 풋
...전	Kém	개임
지금 몇시예요?	Bây giờ là mấy giờ	버이 찌어 라 머이 찌어
네시오분전	Bốn giờ kém năm	본 찌어 개임 남
여섯시	Sáu giờ	사우 찌어
일곱시반	Bảy giờ rưỡi	바이 찌어 르어이
열시십분	Mười giờ mười phút	므어이 찌어 므어이 풋
열두시 오분전	Mười hai giờ kém năm	므어이 하이 찌어 개임 남
한시간	Một tiếng đồng hồ	몯 띠엥 동 호
두시간 십이분	Hai tiếng mười hai phút	하이 띠엥 므어이 풋

두 시간 후	Hai tiếng đồng hồ sau	하이 띠엥 동 호 싸오
다섯시 전에	Trước năm giờ	쯔억 남 찌어
봄	Xuân	수언
여름	Hạ	하
가을	Thu	투
겨울	Đông	동
일	Ngày	응아이
월	Tháng	타앙
년	Năm	남
월요일	Thứ hai	트 하이
화요일	Thứ ba	트 바
수요일	Thứ tư	트 뜨
목요일	Thứ năm	트 남
금요일	Thứ sáu	트 싸오
토요일	Thứ bảy	트 바이
일요일	Chủ nhật	쭈 느엇
주	Tuần	뚜언
이번주	Tuần này	뚜언 나이
다음주	Tuần sau	뚜언 싸오
지난주	Tuần trước	뚜언 쯔억
달	Tháng	타앙
이번달	Tháng này	타앙 나이
다음달	Tháng sau	타앙 싸오
지난달	Tháng trước	탕 쯔억
오늘	Hôm nay	홈 나이
어제	Hôm qua	홈 과
내일	Ngày mai	응아이 마이
아침	Sáng	상

점심	Trưa	쯔어
오후	Chiều	지에우
저녁	Tối	또이
밤	Ban đêm	반 뗌
낮	Ban ngày	반 응아이
일월	Tháng 1	타앙 몯
이월	Tháng 2	타앙 하이
삼월	Tháng 3	타앙 바
사월	Tháng 4	타앙 뜨
오월	Tháng 5	타앙 남
유월	Tháng 6	타앙 싸오
칠월	Tháng 7	탕 바이
팔월	Tháng 8	탕 담
구월	Tháng 9	타앙 찐
시월	Tháng 10	타앙 무어이
십일월	Tháng 11	탕 무어이 몯
십이월	Tháng 12	탕 무어이 하이
금년	Năm nay	남 나이
내년	Năm sau	남 사오
작년	Năm ngoái	남 느와이
오일	Ngày mồng năm	응아이 몽 남
이십오일	Ngày hai mươi lăm	응아이 므어이 람

좋은 날씨군요.
Thời tiết đẹp quá.
터이 디엣 댑 구아

네. 어제보다 훨씬 좋군요.
Vâng, đẹp hơn hôm qua nhiều.
브엉, 댑 헌 홈 고아 느에우

내일 일기예보는 어떻습니까?
Dự báo thời tiết ngày mai thế nào?
쯔 바오 터이 디엣 응아이 마이 테 나오?

흐릴 것이라고 합니다.
Báo là trời hơi động.
바오 라 쩌이 허이 동

2. 날씨가 지독하게 덥네요.

오늘은 날씨가 지독하게 덥죠?
Hôm nay trời nóng phát khiếp được đúng không?
홈 나이 쩌이 농 팟 키엡 드억 둥 콩?

네, 땀이 많이 흐르네요.
Đúng vậy, mồ hôi chảy nhiều quá.
둥버아, 모 회 짜이 느에우 구아

3. 몇 시입니까?

몇 시입니까?
Bây giờ là mấy giờ?
버이 찌어 라 머이 찌어?

___

세시 십분입니다.
Ba giờ mười phút.
바 찌어 므어이 풋

___

제 시계는 5분 빠릅니다.
Đồng hồ tôi chạy nhanh 5 phút.
동 호 또이 짜이 느앙 남 풋

___

회의는 몇시에 시작하죠?
Mấy giờ bắt đầu họp?
머이 찌어 밧 더우 홉?

___

오후 6시에 시작될 예정입니다.
Dự định là sẽ bắt đầu lúc 6 giờ chiều.
찌으 딩 라 새 밧 더우 룩 사오 찌어 찌에우

196

오늘이 무슨 요일입니까?
Hôm nay là thứ mấy?
홈 나이 라 트 머이?

토요일입니다.
Hôm nay là thứ 7.
홈 나이 라 트 바이.

내일 만날 수 있을까요?
Ngày mai tôi gặp anh (chị) được không?
응아이 마이 또이 그압 아잉(찌) 드억 콩?

그러면 내일 저에게 연락을 주세요
Vậy ngày mai anh liên lạc cho tôi nha.
버이 티 응아이 마이 리엔 락 쪼 또이 느아.

날
씨
시
간

제 13장

생활

기숙사	Ký túc xá	기둑사
일상생활	Sinh hoạt hằng ngày	싱 홧 항 응아이
아프다	Đau ốm	따우 옴
건강하다	Khoẻ mạnh	쾌 마잉
건배	Cạn ly	간 리
방	Phòng	퐁
휴게실	Phòng nghỉ	퐁 느이
목욕실	Nhà tắm	느아 담
화장실	Nhà vệ sinh	느아 베 싱
탈의실	Phòng thay quần áo	퐁 타이 구언 아오
주방	Bếp	벱
문	Cửa	끄어
창문	Cửa sổ	끄어 소
복도	Hành lang	하잉 랑
계단	Cầu thang	꺼우 타앙
상	Cái bàn	까이 반
의자	Ghế	느에

옷장	Tủ đựng quần áo	뚜 뜨엉 꾸언 아오
이불	Chăn	짜안
베개	Gối	그오이
담요	Nệm	넴
모기장	Cái màn	까이 만
선풍기	Quạt	꾸앗
다리미	Bàn là	반 라
냉장고	Tủ lạnh	뚜 라잉
세탁기	Máy giặt	마이 찌앗
전기밥솥	Nồi cơm điện	노이 껌 띠엔
전등	Bóng điện	봉 띠엔
형광등	Bóng đèn neon	봉 땐 네온
바닥	Nền nhà	넨 느아
전자제품	Đồ điện tử	또 띠엔 드
가구	Gia cụ	찌아 구
가스레인지	Bếp ga	벱 그아
가스	Ga	그아
전기	Điện	띠엔
기름	Dầu	쩌우
온수	Nước nóng	느억 농
냉수	Nước lạnh	느억 라잉
청소하다	Dọn vệ sinh	쫀 베 싱
대청소하다	Tổng vệ sinh	똥 베 싱
쓰레기	Rác	락

쓰레기통	Thùng rác	퉁 락
빗자루	Cái chổi	까이 쪼이
기숙사규칙	Nội qui ký túc xá	노이 귀 기 둑 사
외박하다	Ngủ bên ngoài	느우 벤 노와이
외출하다	Đi ra ngoài	띠 라 노와이
도망가다	Bỏ trốn	뽀 쫀
도둑맞다	Mất trộm	멋 쫌
공동체의식	Ý thức chung	이 특 중
단체생활	Sinh hoạt tập thể	싱 화트 덥 테

1. 온 몸이 쑤셔요

몹시 괴로워 보이는구나.
Trông anh (chị) có vẻ đau đớn.
쫑 아잉(찌) 고 배 따오 떤

그래요, 온몸이 쑤셔요.
Vâng, cả người đau nhức.
벙, 까 느어이 따오 느윽

어디 다쳤어요?
Anh (chị) bị ngã hả?
아잉 (찌) 비 느아 하?

아니요, 감기에 걸린 것 같아요.
Không, tôi bị cảm thì phải.
콩, 또이 비 깜 티 파이

일찍 집에 가지 그래요?
Vậy thì nên về nhà sớm đi chứ.
버이 티 넨 디 베 느아 썸 디 쯔

그래야겠어요.
Chắc phải vậy thôi (phải về thôi).
짜악 파이 버이 토이(파이 베 토이)

우리의 사업을 위해 건배합시다.
Nào hãy cạn ly cho công việc của chúng ta.
나오 하이 까인 리 조 꽁 비엑 구어 쭝 따

건배!
Cạn ly.
까안 리

그리고 우리의 우정을 위해서.
Và vì tình bạn của chúng ta nữa.
바 비 디잉 바안 꾸어 쭝 따 느어

여러분 건배!
Các quí vị, cạn ly nhé.
각 귀 비, 까안 리 느애

3. 뜻밖이야

Châu! 여기서 만나다니 뜻밖이네요.
Châu, không ngờ được gặp cậu ở đây.
쩌우, 콩 응어 드억 그압 꺼우 어 떠이.

그러게 말이에요. 세상 참 좁군요.
Đúng vậy, thế giới này thật nhỏ.
둥 버이, 테 지어 나이 텃 느오

여기 웬일이에요?
Cậu có chuyện gì ở đây?
거우 고 쭈옌 지 어 떠이?

사업관계로 일주일간 여기 있을거예요
Vì Công việc nên mình đến đây ở một
끙 비엑 넨 미잉 덴 떠이 엄 두언

반갑군요. 언제 한번 만나요.
Mừng quá. Lúc nào mình gặp nhau nha.
믕 구아. 룩 나오 미잉 가업 나오 느아

그래요.
Đúng vậy.
둥 버이

4. 빌려주세요

이 이야기는 매우 재미있습니다. 읽어보실래요?
Chuyện này hay lắm, anh có muốn đọc không?
쭈엔 나이 하이 람, 아잉 고 무언 똑 콩?

예. 언제 좀 빌려 주세요.
Vâng, khi nào anh cho tôi mượn nhé.
벙. 키 나오 아잉 쪼 또이 므언 느애

좋습니다.
Được thôi.
드억 토이

5. 유용한 표현

당신이 옳아요.
Anh nói đúng (anh đúng).
아잉 노이 럿 둥 (아잉 둥).

이것에 대해 어떻게 생각하세요?
Anh nghĩ thế nào về chuyện này?
아잉 응이테 나오 베 주엔 나이?

그게 바로 제가 생각하는 거예요.
Đó cũng chính là điều tôi nghĩ (tôi cũng nghĩ như vậy).
또 궁 찌잉 라 디에우 또이 응이(또이 궁 응이느버이).

제 생각도 그렇습니다.
Tôi cũng nghĩ như vậy.
또이 궁 응이느 버이.

선생님의 조언이 필요합니다.
Tôi cần lời khuyên của ông.
또이 껀 러이 쿠엔 구어 옹

아무래도 상관없습니다.
Dẫu sao thì cũng không liên quan gì cả.
쩌우 사오 티 궁 콩 리엔 고안 쯔이 까

그렇게 생각하지 않습니다.
Tôi không nghĩ như vậy.
또이 콩 응이 느 버이

베트남 교육제도 :

- 베트남학제는 초등학교 5년제, 중학교 4년제, 고등학교 3년제, 대학교 4년제 그리고 전문대학 3년제입니다.
- 대학은 사립대와 국립대가 등이 있으며, 제일 유명한 대학으로는 국립대, 백과대, 외상대, 경제대 등이 있습니다.

제 14장

직장

사무실	Văn phòng	반 퐁
경리부	Bộ phận kế toán	보 편 게 두안
관리부	Bộ phận quản lý	보 편 구안 리
무역부	Bộ phận xuất nhập khẩu	보 편 수엇 느업 커우
총무부	Bộ phận hành chính	보 편 하잉 지잉
업무부	Bộ phận nghiệp vụ	보 편 응엡 부
생산부	Bộ phận sản xuất	보 편 산 수엇
컴퓨터	Máy vi tính	마이 비 디잉
복사기	Máy photocopy	마이 포 도 고 비
팩스기	Máy fax	마이 파스
전화기	Máy điện thoại	마이 디엔 토아이
프린터기	Máy in	마이 인
계산기	Máy tính	마이 팅
장부	Sổ sách	소 사이그
기록하다	Vào sổ/ghi chép	바오 소/ 그이 잽
전화번호	Số điện thoại	소 디엔 토아이
열쇠/키	Chìa khóa	지어 콰
여권	Hộ chiếu	호 지에우

외국인등록증	Thẻ người nước ngoài	태 느어이 느억 느와이
백지	Giấy trắng	찌억 자
월급	Lương	르엉
출근카드	Thẻ chấm công	태 쩜 공
보너스	Tiền thưởng	디엔 트엉
월급명세서	Bảng lương	방 르엉
기본월급	Tiền lương cơ bản	디엔 러엉 거 반
잔업수당	Tiền tăng ca/ làm thêm	비엔 당 가/ 람 템
특근수당	Tiền làm ngày chủ nhật	디엔 람 응아이 주 느엇
심야수당	Tiền làm đêm	디엔 람 뗌
유해수당	Tiền trợ cấp độc hại	디엔 쩌 겁 독 하이
퇴직금	Tiền trợ cấp thôi việc	띠엠 쩌 겁 토이 비엑
월급날	Ngày trả lương	응아이 짜 르엉
공제	Khoản trừ	코안 쯔
의료보험료	Phí bảo hiểm	피 바오 히엠
의료보험카드	Thẻ bảo hiểm	태 바오 히엠
공장	Nhà máy/ công xưởng	느아 마이/ 공 스엉
사장	Giám đốc	지암 독
사모님	Vợ giám đốc	버 지암 독
부사장	Phó giám đốc	포 지암 독
이사	Phó giám đốc	포 지암 독
공장장	Quản đốc	고안 독
부장	Trưởng phòng	쯔엉 퐁

과장	Trưởng chuyền	쯔엉 쭈엔
대리	Phó chuyền	포 쭈엔
반장	Trưởng ca	쯔엉 가
비서	Thư ký	트 기
관리자	Người quản lý	느어이 구안 리
기사	Kỹ sư	기 쓰
운전기사	Lái xe	라이 쌔
근로자	Người lao động	느어이 라오 동
외국인근로자	Lao động nước ngoài	라오 동 느억 느와이
연수생	Tu nghiệp sinh	두 응엡 싱
경비아저씨	Ông bảo vệ	옹 바오 베
식당아주머니	Bà nấu ăn	바 너우 안
청소아주머니	Bà dọn vệ sinh	바 찌온 베 싱
가공반	Bộ phận gia công	보 펀 지아 공
완성반	Bộ phận hoàn tất	보 펀 호안 덧
재단반	Bộ phận cắt	보 펀 갓
미싱반	Chuyền may	쭈엔 마이
미싱사	Thợ may	터 마이
목공	Thợ mộc	터 모그
용접공	Thợ hàn	터 하안
기계공	Thợ cơ khí	터 거 키
선반공	Thợ tiện	터 디엔
기능공	Thợ	터
제품	Sản phẩm	산 펌

부품	Phụ tùng	푸 뚱
원자재	Nguyên phụ liệu	느엔 푸 레우
불량품	Hàng hư	항 흐
수출품	Hàng xuất khẩu	항 수엇 커우
내수품	Hàng tiêu dùng nội địa	항 데우 지웅 노이 디아
재고품	Hàng tồn kho	항 돈 코
스위치	Công tắc	공 닥
켜다	Bật	버드
끄다	Tắt	닫
작동시키다	Cho máy chạy	쪼 마이 짜이
고치다	Sửa chửa	쓰어 쯔어
정지시키다	Dừng máy	쯩 마이
고장이 나다	Hư hỏng	흐 홍
조정하다	Điều chỉnh	디에우 지잉
분해시키다	Tháo máy	타오 마이

근무현장에서의 참고 사항 :

- 베트남인들 특유의 강한 자부심과 그들의 유교적인 관습상 베트남인 근로자에 대한 모욕적인 언행이나 구타 등이 발생하면 문제가 될수 있습니다. 베트남 현지에서 한국기업이 겪는 제일 큰 문제 중 하나는 한국인 관리자와 베트남인 근로자간의 분쟁 입니다.
- 억압과 강압적인 방법으로 접근하면 오히려 피해를 보게 됩니다.
- 베트남인 근로자를 견책할 시, 큰 소리를 내거나 구타, 모욕을 주는 언행은 절대 금물입니다. 노조를 통해 해결하는 방법이 제일 좋습니다.

영	Không	콩
일	Một	몯
이	Hai	하이
삼	Ba	바
사	Bốn	본
오	Năm	남
육	Sáu	사오
칠	Bảy	바이
팔	Tám	담
구	Chín	지인
십	Mười	므어이
십일	Mười một	므어이 몯
십이	Mười hai	므어이 하이
십삼	Mười ba	므어이 바
이십	Hai mươi	하이 므어이
이십팔	Hai mươi tám	하이 므어이 담
오십	Năm mươi	남 므어이
백	Một trăm	몯 짬
백오	Một trăm lẻ năm	몯 짬 래 남
백이십육	Một trăm hai sáu	몯 짬 하이 사오

이백	Hai trăm	하이 짬
삼백	Ba trăm	바 짬
천	Ngàn	느안
이천 삼백	Hai ngàn ba trăm	하이 느안 바 짬
만	Mười ngàn	므어이 느안
백만	Triệu	지에우
첫째	Lần thứ nhất	런 트 느엇
둘째	Lần thứ hai	런 트 하이
셋째	Lần thứ ba	런 트 바

숫자

협조개발:
Daou Data System Viet nam corporation
한국어베트남어 교육전문 가나다어학당 – DVC
258B - 260A Dien Bien Phu, Phuong 7, Quan 3,
Ho Chi Minh city
전화: 9320-868   ; 9320-869
       0919-552-919 ; 0913-101-919
Email:kanata_koreanschool@yahoo.com.vn

한국인을 위한 베트남어 회화

2쇄 인쇄 2015년 11월 10일
2쇄 발행 2015년 11월 20일
편 저 레휘콰
펴낸이 서덕일
펴낸곳 글로벌어학사
등록번호 1962. 7. 12. 제2-110호
주 소 경기도 파주시 회동길 366(서패동)
전 화 02-499-1281~2 FAX 02-499-1283

• 잘못된 책은 구입하신 서점에서 교환해 드립니다.

• 이 책은 저작권법에 의해 보호를 받는 저작물이므
로 무단전재와 무단복제를 금합니다.

ISBN 978-89-7482-629-1 (13790)

글로벌어학사는 도서출판 문예림의 브랜드입니다.